salis

SCHREIBERVSSCHNEIDER

immer ich

10JAHRE**CHRONISTEN**DES**ALLTAGS**

VERLAG	SALIS VERLAG AG, ZÜRICH
SALIS IM WEB	WWW.SALISVERLAG.COM INFO@SALISVERLAG.COM
	SIE FINDEN UNS AUCH AUF FACEBOOK UND
	BEI TWITTER
LEKTORAT & KORREKTORAT	PATRICK SCHÄR, BASEL
BUCHGESTALTUNG, UMSCHLAG, ILLUSTRATIONEN & SATZ	DANIELA TRUNK, ZUG
GESAMTHERSTELLUNG	ULMA PRESS, RIGA

1. AUFLAGE 2010

© 2010, SALIS VERLAG AG, ZÜRICH

ALLE RECHTE VORBEHALTEN

ISBN 978-3-905801-41-5

PRINTED IN LATVIA

Für Alma und Ida

☯ inhalt ☪

☯ **Alltagsbeben** ☪ 10
 Warten auf den Anruf 12
 Zeit für Zärtlichkeit 14
 Es liegt was in der Luft 16
 Eislaufeltern 18
 Film statt Essen 20
 Die Demo auf der Veranda 22
 Zärtliche Blicke 24
 Bretzel-Alarm 26
 Sabotiertes Nachtessen 28

♥ **Kennen wir uns? Das Beziehungs-Frage-und-Antwort-Spiel** ♥ 30

☯ **Mannsbilder** ☪ 36
 Bist du glücklich? 38
 Die Hauszeitung 40
 Eintippen, ausflippen 42
 Auf dem Sofa 44
 Schmerz, lass nach! 46
 Der Warenprüfer 48
 Weitsicht 50
 Die Lesung im Museum 52
 Online-Diagnose 54
 Nichts in Sicht 56

 Ein friedlicher Abend 58
 Millimeterschnitt mit Folgen 60

♥ **Auch Männer haben Fragen** ♥ 62

☯ **Tierversuche** ☪ 64
 Ein Herz für Tiere 66
 Ein Pferd, ein Pferd! 68
 Eine Frage von Tagen 70
 Mit Charme und Schnauze 72
 Sitz! Platz! Aus! 74
 Müllhäufchen 76
 Zweite Wahl 78
 Hundelos 80

☯ **Bettgeschichten** ☪ 82
 Sag nicht, dass ich säge! 84
 Ein Bett ist ein Bett 86
 Gegen Nachwuchs natürlich! 88
 Na? 90
 Überraschung im Schlafzimmer 92
 Erinnerungen 94

৪০ inhalt ৫৪

Die Rückenmassage	96
Sex-Dilemma	98
Der Morgen danach	100
৪০ Beziehungskiste ৫৪	102
Blindes Vertrauen	104
Gerüstet für alle Lebenslagen	106
Lisa oder Werner	108
Ein Bentley in Zürich	110
Druck im Stau	112
Gas geben und abbremsen	114
Schreiber kriegt die Kurve	116
Schwarzseher	118
৪০ Wildleben ৫৪	120
Schreiber in Aktion	122
Hansgeorg und das Karma	124
Von Menschen und Mäusen	126
Schreibersche Zuchtstation	128
Einheimische rein!	130
Willkommensgeschenk	132
Was brummt denn da?	134
Heldenalltag	136
Königin Astrid die Erste	138

♥ Wenn's mal langweilig ist ♥	140
৪০ Frauenpalaver ৫৪	142
Die oberen Zehntausend	144
Aus mit jung	146
Ausflug mit Beule	148
Der Beschützer	150
Ich mach das!	152
»Bitte bleiben Sie am Apparat«	154
Zeckenalarm	156
Unerreichbar nahe	158
Ein flotter Wagen	160
Die wandelnde Agenda	162
Überflüssigerweise kreativ!	164
Reflexe	166
Alleine zu Hause	168
♥ Auch Frauen haben Fragen ♥	170
৪০ Ausnahmezustand ৫৪	172
Fehlstart	174
Alles fährt Lift	176
Platz für alle	178
Geballte Sammelwut	180
Wir zahlen, bitte!	182

☙ inhalt ☙

Frauenhumor	184
Männer an Bord	186
Tiere im Wald	188
Baggern	190
Stockholm: Bahnhofsuche	192
Robben vor den Haien	194
Bravo, Schneider!	196
Versöhnung an Deck	198
Die spinnen, die Italiener!	200

☙ Konfliktherde ☙ 202

Die Butterfrage	204
Stinkender Fisch	206
Eine Prise Frust	208
Kochen für Besserwisser	210
Heißer Preis, kalter Reis	212
Lagerfeuer im Eis	214
Geknurre in der Küche	216
Zoff beim Zopfessen	218
Schreiber schneidet Schneider	220
Egoist am Herd	222
Bullerbü für die Nachwelt	224
Die Spülmaschinenordnung	226

♥ **Liebe geht durch den Magen – Rezepte** ♥ 228

☙ Kraftakte ☙ 234

Stresslos fit	236
Schweinehund!	238
Schreiber schlägt zu	240
Eins-zwei-Rück-Platz	242
Schreiber wird Schweizerin	244
Ein Flopp nach dem anderen	246
Glückliche Mitte	248

☙ Brückenschlag ☙ 250

Frischer Wind	252
Guter Ton mit Triple P	254
Die Superbonuspunktekundenkarte	256
Sag niemals nie!	258
Immer ich!	260
Kommunikationssperre	262
Ein- und ausschnappen	264
Checkpoint Gordon	266
Doppelte Bescherung	268

♥ **Wer macht was?** ♥ 270

»Man muss durch
schlechte Erfahrungen
hindurchgehen
und nicht drumherum.«

Liza Minelli

alltagsbeben

ೋ alltagsbeben ೋ
Warten auf den Anruf

SIE Ich bin für ein paar Tage in München und habe mir vorgenommen, keine Glucke zu sein und meine drei Liebsten zu Hause in Ruhe zu lassen. Früher rief ich dauernd an.
Nun bin reifer, meine Kinder sind älter und Schneider hat bestimmt alles im Griff und ist heilfroh, keine Kontrollanrufe zu bekommen.
Zudem habe ich meine Abwesenheit perfekt für ihn vorbereitet: Er kann jederzeit auf einen akribisch genauen Zeitplan zurückgreifen, ergänzt mit sämtlichen Handynummern unserer Nachbarinnen, Lehrerinnen und Kindergärtnerinnen. Sicher ist sicher. Die Kinder sind nach der Schule bei Freundinnen zum Mittagessen eingeladen. Schneider muss also nur den Zettel zücken und dafür sorgen, dass die Kinder in der Früh aus dem Bett und am Abend dorthin zurückkommen.
Während ich durch Schwabing bummle, erinnere ich mich an unsere erste Reise hierher: Was waren wir verliebt!
Ob er mich vermisst?
Ich vermisse ihn, bleibe aber krampfhaft locker und beschließe, frühestens am Abend anzurufen.
Abgesehen davon könnte er sich ja auch bei mir melden und mir sagen, dass alles wie am Schnürchen klappe, dass ich alles bestens organisiert hätte und dass er und die Kinder sich nach mir sehnten.
Was doch hoffentlich der Fall ist!
Dann könnte ich nämlich endlich entspannt meine Reise genießen – und müsste nicht dauernd daran denken, *nicht* zu Hause anzurufen.

ER Ich kriege es alleine ganz gut hin.
Es ist auch einfacher, wenn ich nicht dauernd den strengen Blick von Schreiber im Nacken habe, der gnadenlos prüft, ob ich alles richtig erledige – also nach ihrem Geschmack.
Die beiden Mädels und ich schaukeln das schon. Bei Engpässen darf ich ja auf die Hilfe der Nachbarinnen zählen.
»Wann kommt Mami wieder?«, fragt Ida zum x-ten Mal, während wir am Boden liegend Eile mit Weile spielen.
»Bald«, antworte ich. »Noch zwei Mal schlafen.«
Ich blicke auf die Uhr. Halb sieben.
Sie hat seit heute Morgen nicht mehr angerufen.
Interessiert sie sich nicht für uns? Was ist so schwer daran, sich zu erkundigen, wie es uns geht?
Dann könnte ich ihr nämlich bestätigen, dass es ohne sie prächtig läuft.
Aber nichts, kein Ton von ihr. Sie hat uns ganz einfach vergessen, während sie mit ihrer Schwägerin durch Münchens Boutiquen bummelt.
»Können wir Mami anrufen?«, fragen meine Töchter.
»Ich glaube, sie will jetzt nicht gestört werden«, antworte ich.
Wenn sie *uns* schon nicht vermisst, dann soll sie bloß nicht glauben, dass wir *sie* vermissen! ✄

৪০ alltagsbeben ርጸ
Zeit für Zärtlichkeit

SIE Schneider hat sich im Schwimmbad seinen Ellbogen zertrümmert, trägt jetzt Schiene und Schlaufe und fällt im Alltag komplett aus. Nach drei Tagen schonender Sonderbehandlung merke ich, was mir fehlt: nicht seine Hilfe, aber seine Zuneigung. Er hat mich seit seinem Sturz noch kein Mal in den Arm genommen.
Zugegeben: Ein geschienter Arm ist ein klein wenig sperrig, aber seine Töchter kann er ja auch knuddeln. Ich schaue also mufflig drein. Immerhin bemerkt er meinen Blick und fragt: »Was ist mit dir los?«
»Ich mach und tu und renn! Zwischendurch wäre es einfach schön, wenn du mir einen Kuss in den Nacken geben würdest. Oder mir ins Ohr flüstern würdest, dass du mich liebst und dass ich echt lieb bin und du mich schön findest und glücklich mit mir bist. Aber vielleicht fällt dir ja auch mal selbst was ein. Irgendwas Nettes halt!«
Anscheinend nicht. Denn Schneider giftelt zurück: »Und du? Bist die ganze Zeit total hektisch, schaust mich vorwurfsvoll an, als hätte ich mir den Ellbogen extra zertrümmert, und seufzt bei jeder Gelegenheit unendlich leidend. Da vergeht mir die Lust auf Zärtlichkeit!«
Soso. Mir vergeht sie jetzt ebenfalls. Es scheint, dass heute nicht nur sein Ellbogen in den Seilen hängt, sondern auch unsere Beziehung.

alltagsbeben

ER »ENDE«. Ich klappe das Buch zu. Kann mich nicht erinnern, wann ich das letzte Mal Zeit für einen 780-Seiten-Schinken hatte. Meinem Ellbogen sei Dank: Ich war mit den Kindern im Schwimmbad. Auf der Rutschbahn glitt ich aus und landete brutal auf dem rechten Ellbogen. Der Bademeister meinte, ich solle die Wunde nähen; ich sagte, er solle sie kleben. Und so habe ich mir einen Infekt geholt. Das Chlor- und Pipiwasser in der Wunde hat meinen Unterarm rot anschwellen lassen wie einen sonnenverbrannten Oberschenkel.
»Du musst deinen Arm schonen«, sagt Schreiber seither und packt kräftig mit an.
Nun, nach drei Tagen, geht es meinem Ellbogen endlich wieder etwas besser. Besser jedenfalls, als die Stimmung zwischen Schreiber und mir ist. Sie hat heute Nachmittag geklagt, ich würde ihr zu wenig Liebe schenken. Jetzt liegen wir im Bett und ich bin zu Taten bereit: Obschon ich Schmerzen habe und deshalb auch leise stöhne, drehe ich mich zu ihr hin.
Ich fahre mit der Hand behutsam über ihre Schulter.
Die Ernüchterung folgt sogleich: »Lass das«, murmelt sie. »Schon vergessen, dass du deinen Arm schonen musst?«

৪০ alltagsbeben ೧৪

Es liegt was in der Luft

SIE Ich habe Lust auf ein neues Parfum. Vorbei die Zeiten, als unsere Kinder Babys waren und ich keine künstlichen Düfte vertrug. Damals verwendete ich nur geruchsneutrale Deos, Shampoos, Cremes. Ich wollte an meinen Kindern schnuppern und dabei von niemandem gestört werden: weder von einem solariumgebräunten Armani noch von einem mausetoten Versace.
Nun stehe ich also in der Parfümerie, habe neun Papierstreifen in der Hand, die alle anders riechen – und keiner wirklich gut. Am Handgelenk verströmt grüner Apfel sein Aroma, weiter oben links riecht's orientalisch, rechts daneben nach Flieder, und meiner Nase stinkt's langsam.
Eine Verkäuferin erkennt den Ernst der Lage und drückt mir ein Fläschchen mit der Bemerkung in die Hand: »Ein sehr dynamischer Duft. Verführerisch, sinnlich, stark!«
Keine Frage, der ist es!
Als ich am Abend Schneider mein neues Parfum vorführe, sagt er: »Mhmmm, fein.«
Dann schließt er die Augen, zieht die Luft noch einmal durch die Nase und flüstert nach einer kurzen Pause: »Du riechst wie eine Ex von mir.«

ಬಿ alltagsbeben ೦ಽ

ER Wenn ich bloß wüsste, an welche mich der Duft erinnert! Ich sehe rote Sonnenuntergänge vor mir, romantische Spaziergänge am See und verträumte Badenachmittage am Fluss – aber ich sehe kein Gesicht vor mir. Nun, so viele Freundinnen hatte ich auch wieder nicht; der Name wird mir schon noch einfallen.
Schreiber unterbricht meine Gedanken.
»Das schmeiße ich weg«, sagt sie.
»Was?«
»Ich verwende doch keinen Duft, bei dem du an andere Frauen denkst.«
»Sind aber schöne Erinnerungen.«
»Ach! Und dann küsst du mich, machst die Augen zu und siehst die andere vor dir. Fehlt nur noch, dass du mich Manuela nennst, oder Monika, oder Mausi!«
»Mausi? Ich habe nie jemanden Mausi genannt!«
Schreiber macht kehrt und düst schimpfend Richtung Bad: »Deine alten Weibergeschichten! Was soll ich jetzt mit diesem Parfum? War ziemlich teuer!«
Da fällt mir auf einmal der Name ein! Meine Güte, ist das lange her: Sie trug Rüebli-Jeans und ich war ja noch fast ein Kind, furchtbar verlegen und verklemmt! »Rahel! Die Rahel war's!«, rufe ich ins Bad. »Ich schmeiß es weg!«, wiederholt Schreiber. Doch ich habe eine bessere Idee: »Schicken wir's der Rahel, die freut sich bestimmt über ein Zeichen von mir.« ✂

☙ alltagsbeben ☙

Eislaufeltern

ER Alma und ich tragen unsere Italien-Trikots. Wir markieren ein Tor, dann beginnt das Training.
»Achtung!«, rufe ich und spiele ihr den Ball mit dem Innenrist zu. Alma stoppt ihn mit erstaunlich viel Gefühl und kickt zielsicher zurück.
»Super!«, rufe ich. Sie hat mein Talent geerbt. Immerhin habe ich es als Jugendlicher zu einem Probetraining bei den Grasshoppers geschafft.
Schreiber, die es sich auf der Veranda bequem gemacht hat, ahnt natürlich nichts vom Talent unserer Tochter.
»Toll!«, rufe ich, als Alma den Ball erneut scharf und präzis in meine Richtung tritt – und bereue es: Ist das nicht kontraproduktiv für die Entwicklung einer künftigen Spitzenathletin, wenn sie schon im Frühstadium übermäßig gelobt wird? Ich halte den Ball deshalb wieder flach und sage beschwingt: »Hauptsache, wir haben Spaß!«
»Warst du gut, Papi? Hast du viele Tore geschossen?«, fragt Alma.
»Ich war sogar ein sehr guter Fussballer.«
»So gut wie Frei und Streller?«
»Äh, nein. Ich hatte viel Pech, weißt du?«
»Macht nichts, Papi. Hauptsache, du hattest Spaß.« ✂

SIE Beim Abendessen will unsere Tochter wissen, wer der beste Fußballer sei. Ich sage: »Beckenbauer!« Schneider verdreht die Augen und behauptet: »Messi!«
»Und wer ist die beste Fussballerin?«, will ich wissen. Auf diesem Gebiet ist mein Liebster noch nicht am Ball, er zuckt mit den Schultern und sagt: »Keine Ahnung, aber wir sollten mal herausfinden, wann hier jeweils das Juniorentraining angesetzt ist. Die nehmen auch Mädchen.«
Mädchen? Fußball? Meint er meine Tochter?
Wenn ich an die Verletzungen denke, die Schneider sich beim Fußball geholt hat: kaputte Knie, gerissene Achillessehne, gebrochene Rippe. Und dann diese O-Beine!
Ich finde es bedenklich, wenn ein gestandener Mann beim Ballwechsel mit seiner Tochter aus dem Häuschen gerät und nun das arme Kind zur Fußballerin quälen will. Ist doch klar, dass er da nur seiner eigenen, im Abseits gelandeten Fußballkarriere nachtrauert.
Ich schleppe meine Tochter ja auch nicht gleich in die Oper, bloß weil sie sehr gut singen kann. Das hat sie von meinen Ahnen. Die Musikalität in meiner Familie ist legendär, mein Großvater hatte das absolute Gehör. Wenn sie unbedingt singen will, kann sie natürlich jederzeit mit Privatstunden beginnen. Am besten sofort und so oft sie will. Ich lege ihrem Talent garantiert keine Fußbälle in den Weg.

❧ alltagsbeben ☙

Film statt Essen

SIE Was für ein schöner Morgen: Ich bin im Büro, schreibe zügig an einem Text für eine Hotelbroschüre, verbringe die Kaffeepause im Café bei heißer Schokolade und Klatschheften, überarbeite danach noch mal den Text, und kurz vor zwölf Uhr klappe ich den Laptop zu, verabschiede mich im Büro, steige auf mein Fahrrad und treffe auf dem Heimweg zufällig eine Bekannte.

»Na, warst im Büro arbeiten?«, will sie wissen.

»Ja, herrlich, ich hatte mal wieder richtig schön Zeit am Computer. Und das Schönste: Ich werde bekocht!«

Sie lacht und meint, sie würde das gewiss auch genießen, mittags nach Hause zu kommen und mit Essen verwöhnt zu werden, aber davon könne sie bei ihrem Mann nur träumen.

Da habe ich es ja viel besser. Ich trete in die Pedale und frage mich, was es wohl geben könnte. Spaghetti aglio e olio, Schneiders Leibspeise? Oder Basilikum-Pesto aus unserem Garten?

Als ich daheim flott um die Ecke biege, rumple ich fast in eine Leiter. Von oben winkt mir mein Liebster zu: Er sitzt in voller Arbeitsmontur auf der obersten Sprosse, einen Pinsel in der Hand, und streicht unser Vordach: »Was, du bist schon da?«

Ist ja wohl nicht zu übersehen! Ich nicke und gehe ins Haus. Es duftet – nach Farbe.

Dann stürmen die Kinder auf mich zu. Was es denn zu essen gebe, wollen sie wissen.

Genau das frage ich mich auch. ✎

☙ alltagsbeben ❧

ER Es ist meistens das Gleiche: Auch klein erscheinende Arbeiten geben am Schluss mehr zu tun, als man zu Beginn dachte. Das Vordach, das bis anhin spanplattenbraun ein unansehnliches Dasein fristete, peppe ich mit Ral 7035, lichtgrau, auf. Macht Spaß, dauert aber. Das Holz saugt die Farbe regelrecht auf, ich muss drei Mal überstreichen. Mein Nacken schmerzt schon vom ewigen Hinaufschauen. Zudem gibt es bestimmt besser geeignetes Werkzeug für diese Arbeit, aber da ich kein Profi bin und es auch nicht werden will, behelfe ich mir mit dem schmalen Farbroller aus meiner Hobby-Werkstatt.
Wichtiger als das richtige Werkzeug ist sowieso, dass mich die Kinder in Ruhe lassen. Sie wollen stets mithelfen. Aber bis ich ihnen ihre Malkleider angezogen und den Boden weiträumig abgedeckt habe, dauert es ewig. Und bis die erste Katastrophe eintritt – umgeworfener Farbtopf oder so – nur Sekunden.
Also habe ich rechtzeitig Maßnahmen ergriffen und eine *Karlsson-vom-Dach*-DVD reingeschoben. Davon haben alle etwas: die Kinder lustige Unterhaltung, ich meine Ruhe. Ärgerlich ist nur, dass Schreiber schon jetzt nach Hause kommt, sie ist doch eben erst gegangen. Irgendwie scheint ihre Ausdauer bei der Arbeit, ganz im Gegensatz zu mir, nicht sehr groß zu sein. ✂

☘ alltagsbeben ☙

Die Demo auf der Veranda

SIE Mein Mann ist sauer: »Bist du wahnsinnig? Bringst ihnen bei, wie man demonstriert? Wenn die das Gefühl haben, mit Demos könnten sie alles erreichen, dann werden sie nur noch demonstrieren!«
»Jetzt übertreib mal nicht. Kein Mensch demonstriert pausenlos. Ich find's toll, dass die beiden wissen, wie man für seine Anliegen kämpft.«
»Mit selbst gebastelten Plakaten, auf denen steht: ›Wir wollen Michel schauen!‹, ›Wir wollen Scho-ko-lade!‹, ›Wir wollen ein Pferd!‹?«
»Sie sind eben kreativ. Ein Plakat basteln ist doch etwas total Kreatives!«
»Ja. Am Nachmittag vielleicht. Aber nicht abends um Viertel vor neun!«
»Das ist sicher keine gute Zeit für eine Demo, da hast du recht. Aber schließlich lassen sich solche Kundgebungen nicht immer planen, die kommen auch ganz spontan. Wie früher in München, da sind wir nach der Schule auf die Straße gegen AKWs, Cruise Missiles und Pershing 2. Und weißt du, was damals entstanden ist? Die Friedensbewegung. Toll, nicht wahr? Und die Mutter deiner Kinder war dabei!«
Schneider schweigt, dann legt er sich auf den Boden, breitet die Arme aus und fragt mich: »Weißt du, was das ist?«
»Mein Mann am Boden.«
»Nein, ein Menschenteppich gegen Demonstrationen in unserem Haus nach acht Uhr.« ✎

alltagsbeben

ER Kein Schwein lässt sich von mir als Menschenteppich stoppen: Schreiber schwelgt in der Vergangenheit, meine Kinder marschieren auf der Veranda hin und her. Sie halten A4-Seiten in die Höhe, die Große vorn, die Kleine hinten, und schreien, was die Größere mit Filzstift auf die Blätter geschrieben hat: »WIR WOLLEN MICHEL SCHAUEN! WIR WOLLEN MICHEL SCHAUEN!«
Was denken unsere Nachbarn? Dass ich meine Kinder schikaniere?
Nein, nichts dergleichen: Ich habe ihnen bloß nicht erlaubt, die *Michel-aus-Lönneberga*-DVD zu schauen. Es ist nämlich spät – und ich will, dass sie ins Bett gehen. Stattdessen muss ich zusehen, wie gegen mich demonstriert wird. Das habe ich meiner aufgeklärten Frau Kindergewerkschafterin zu verdanken. Sie hat den Kindern sogar versprochen, bei der nächsten Demo besseres Plakatmaterial zu liefern. »Ihr könnt dann die Besenstiele nehmen und Laken dazwischenspannen«, hatte sie ihnen ernsthaft erklärt.
Natürlich ist es saublöd, dass ich grade keinen Wasserwerfer zur Hand habe – aber mal sehen, ob Schreiber die Demo immer noch so lustig findet, wenn ich mich mit dem Gartenschlauch vor der Veranda aufbaue. ✂

ᛥ alltagsbeben ᛦ

Zärtliche Blicke

SIE Jetzt sitzen wir seit bald zwei Stunden am festlich gedeckten Tisch bei Bekannten, und Schneider unterhält sich glänzend. Aber nicht mit mir. Die Geschichte wiederholt sich: Er hat vor diesen Einladungen keinen Schimmer, wie die Leute heißen, sagt schon auf dem Hinweg, er wolle nicht lange bleiben, er wisse eh nicht, worüber er reden solle. Doch kaum haben wir alle begrüßt, vergisst er die Welt um sich herum, also mich, und vertieft sich in hochinteressante Gespräche mit diesem und jenem. Ich existiere dann nicht mehr für ihn.
Diesmal scheint er mit seinem Tischnachbarn tief in einer Beziehungskiste zu wühlen. Ich bekomme knapp mit, dass es um Seitensprünge und Trennung geht. Da ich nicht verbal ins Gespräch unter Männern funken will, schicke ich meinem Liebsten hin und wieder funkelnde Blicke. Erst wohlwollende, dann wütende. Ohne Erfolg: Er nimmt mich nicht mehr wahr.
Dabei würde es mir guttun, wenn er mir zulächeln würde. Ein lautloses Zeichen, dass wir zusammengehören an diesem Abend.
Denn wir sind ja immerhin noch ein Paar, das kann man doch auch mal zeigen, finde ich. Stattdessen höre ich Schneider zum anderen sagen: »Eine Beziehung braucht eben viel Pflege.«
Ach!
Dann fang doch bitte mal augenblicklich damit an! ✒

ER »Weißt du, auf einmal war mir klar: Es gab kein Gleichgewicht, es hatte nie eines gegeben, es würde nie eines geben«, sagt mein Bekannter, seit kurzem ein geschiedener Mann und ohne Begleitung an diesem privaten Essen in kleiner Runde.
»Und wie ist es für sie?«, frage ich.
»Naja. Ich war es ja, der gegangen ist. Aber wir unternehmen ab und zu etwas gemeinsam mit den Kindern. Das klappt gut, und die Buben wissen: Der Papa ist noch da, auch wenn er nicht mehr hier wohnt.«
Ich denke nach. Er der Weiche, sie die Energische: Sie schienen perfekt zu bestätigen, dass sich Gegensätze anziehen. Ich war deshalb sehr überrascht, als ich erfuhr, dass sie sich getrennt haben. Ich frage: »Warum hat es nicht geklappt?«
Er überlegt und sagt: »Weißt du, ich bin ein Mensch, der gern berührt wird. Ich will in den Arm genommen werden. Ich brauche zärtliche Blicke. Eigentlich will ich ständig daran erinnert werden, dass ich geliebt werde. Sonst verkümmere ich.«
Aha, denke ich. Es gibt also nicht nur Frauen, sondern auch Männer, die so sind, und dabei fällt mir Schreiber ein. Ich blicke kurz zu ihr hinüber – doch statt eines freundlichen Lächelns erreichen mich zwei blaue Giftpfeile.
Hoppla – freut sie sich nicht, dass ich mich gut unterhalte? ✂

☏ alltagsbeben ☏

Bretzel-Alarm

ER Wenn ich meine Frau glücklich machen will, hole ich ihr frische Bretzeln auf der anderen Seite des Rheins. Für meine Münchnerin geht nämlich nichts über eine echte deutsche Bretzel. Welch unglaublicher Return of Investment, denn eine Bretzel kostet gerade mal 50 Cents! Ich punkte massiv!
Freilich kann es auch tückisch sein, wenn Europa nur dreihundert Meter von unserem Haus entfernt beginnt. »Führen Sie Waren ein?«, fragt der deutsche Zollbeamte. Ich lächle. »Nein«, sage ich und füge an: »Hole nur schnell vier Bretzeln«. Er lächelt nicht und blickt auf den Rücksitz, auf dem fünfzig von unseren Hör-CDs liegen. »Oh. Die wollte ich gestern ins Versandzentrum bringen und hab's vergessen!« Mir schwant, dass ich vom ehelichen Wohltäter zum üblen Straftäter werde.
Eineinhalb Stunden später mache ich mich mit vier Bretzeln auf den Heimweg. In der Zwischenzeit habe ich eine Aussage gemacht, hundert Formulare unterschrieben und eine Buße gezahlt wegen Steuerhinterziehung, illegaler Einfuhr gewerblicher Ware und Irreführung eines Zollbeamten.
438 Euro ärmer verlasse ich Europa – pro Bretzel macht das 109 Euro Bußgeld plus 50 Cent Warenwert. Was für eine Bescherung! Und gepunktet habe ich tatsächlich massiv – im Minusbereich! ✂

alltagsbeben

SIE Ich kaue auf der teuersten Bretzel der Welt. Da soll noch jemand sagen, es lohne sich, in Deutschland einzukaufen!
Ich schüttle den Kopf: »Hättest du die Schachtel nicht auf die Brücke stellen können, bis du wieder zurück bist?«
»Durfte ich nicht.«
»Haben die nicht kapiert, dass wir hier wohnen? Da kann doch so was schon mal passieren.«
Schneider blickt kauend ins Leere.
»Wieso hast du ihnen nicht die Hör-CD vorgespielt? Dann hätten die schon gemerkt, dass wir in Deutschland unmöglich Mundart-CDs verkaufen können.«
»Die waren knallhart. Ich hätte ihnen die CDs ja auch geschenkt, aber der Zöllner hat mich gewarnt, das wäre Bestechung.«
»438 Euro. Ich glaub's einfach nicht!«
»Mach mir keine Vorwürfe. Das hätte dir auch passieren können!«
Stimmt. Ich erinnere mich mit Schrecken daran, dass ich im Herbst das Auto voll Apfelsaft hatte – hundertzwanzig Liter von unserem eigenen Apfelbaum, frisch gepresst und abgepackt. Ich fuhr nur noch rasch über die Brücke um … – na, um was wohl? Um Bretzeln zu kaufen.
Nicht auszudenken! Schweizer Saft auf europäischem Boden! Ohne einen Einfuhrschein.
Wie einfach wäre es doch, wenn sich die Nationen ein Beispiel an uns nähmen: er Schweizer und Italiener; ich Deutsche mit schwedischem Blut. Wir sind Europa!
Mit dem Unterschied, dass die Schweiz bei uns Mitglied ist.

☙ alltagsbeben ☙

Sabotiertes Nachtessen

ER »Kommt, esst!«, fordere ich meine Kinder auf. Sie blicken jedoch weiterhin lustlos auf ihre Teller. Dabei hatte Schreiber gesagt, ich solle Spaghetti mit Tomatensauce kochen, das hätten sie immer gern.
Tja, darauf kann ich ihr jetzt leider nichts erwidern, denn sie bereitet mit anderen Frauen eine Frauentagung vor.
Stattdessen frage ich meine Kinder: »Ihr wart doch vorher noch einkaufen. Habt ihr da vom Mami was bekommen?« Alma nickt. »Ja, ein Weggli. Ida hatte auch eins.«
Weggli vor dem Znacht? Kein Wunder, essen sie meine Nudeln nicht! So was Blödes! Ständig rennt Schreiber unseren Kindern hinterher mit Apfelstücklein, Wasserflaschen, Reiswaffeln, Mandarinen. Ich habe meine Kinder noch nie sagen hören, sie hätten jetzt aber mal so richtig Hunger; nein, ihnen wird der Mund immer vorher schon gestopft!
»Papa, kann ich spielen gehen?«, fragt Alma, vor ihr die dampfenden Spaghetti.
Missmutig drohe ich an, später nichts Essbares herauszurücken, falls sie dann doch wieder hungrig wären, und stopfe die Pasta in mich hinein, während ich mich so richtig darüber ärgere, dass Schreiber unsere Kinder um eine tiefgehende Erfahrung bringt: welches Erlebnis es nämlich ist, nagenden Hunger zu stillen oder brennenden Durst zu löschen! ✂

alltagsbeben

SIE Ich bin zurück von der Vorbereitungssitzung für die Frauentagung des Bezirks, da posaunt Schneider bereits los: »Die Kinder hatten keinen Hunger. Du hast sie ja schon beim Einkaufen gefüttert. Aber dann, kurz bevor sie ins Bett mussten, hatten sie noch mal Lust. Auf Konfibrote und Schoggimilch!«
»Sie hatten halt Hunger, als wir beim Einkaufen waren.«
»Nein, *du* hattest Hunger! Das ist der Punkt.«
»Ich kann doch nicht für mich ein Gipfeli kaufen und die Kinder einfach zusehen lassen.«
»Hör mal, wir sind Vorbilder. Wenn du ständig futterst, dann machen das die Kinder nach, ist doch klar.«
Ausgerechnet jetzt! Ich hatte einen anregenden Abend mit anderen Frauen, hätte Schneider gerne davon erzählt, wie initiativ wir sind, aber er schimpft weiter: »Und weißt du, was mich auch so ärgert: Überall liegt Süßes herum, sogar unter deinem Schreibtisch habe ich vorhin Schokolade gefunden.«
»Was hast denn *du* dort zu suchen?«
»Deine Tochter. Die saß da und hat eine Tafel weggeputzt.«
Schön doof. Jetzt fehlt mir nicht nur ein Argument, sondern auch mein Betthupferl, auf das ich mich so gefreut hatte.

♥ kennen wir uns? ♥

Kennen wir uns?

Das Beziehungs-Frage-und-Antwort-Spiel

♥ kennen wir uns? ♥

100 Blankokärtchen in der Größe von Visitenkarten

(gibt's in der Papeterie oder im Bastelladen) mit

den vorgeschlagenen und eigenen Fragen beschriften.

Verzieren, malen, dekorieren, eine schöne Schachtel

basteln oder kaufen.

Viel Spaß!

♥ kennen wir uns? ♥

1. Welches ist die allerschönste Liebesgeschichte?
2. Wann hast du mich das letzte Mal vermisst?
3. Wo geht es bei uns bergauf, wo bergab?
4. Wie sähe unsere Beziehung aus, wenn sie eine Landschaft wäre?
5. Was hast du im Zusammenleben mit mir gelernt?
6. Was möchtest du gerne noch lernen?
7. Welche Geschichten aus meiner Kindheit gefallen dir?
8. Was ist Freundschaft?
9. Was ist Liebe?
10. Was ist Kameradschaft?
11. Was ist Sex?
12. Was ist Partnerschaft?
13. Was ist der Vorteil einer Zweckbeziehung gegenüber einer Liebesbeziehung?
14. Punkt 1 deiner Traktandenliste, wenn wir zwei ein Mitarbeitergespräch führen?
15. Worin sind wir gemeinsam besonders stark?
16. Wie wichtig ist es dir, in einer Beziehung Egoist zu bleiben?
17. Was nehmen dir Kompromisse weg?
18. Wie gut kann ich zuhören?
19. Wann habe ich dich das letzte Mal überrascht?
20. Warum scheitern Beziehungen?
21. Was ist Glück in einer Beziehung?
22. Was erledigen wir morgen, das wir bisher aufgeschoben haben?
23. Was machen wir in zehn Jahren?
24. Welches Erlebnis machte dir klar, dass du mit mir eine Partnerschaft eingehen willst?
25. Wie kannst du mich zum Lachen bringen?
26. Was gefällt dir an meinen Eltern?

♥ kennen wir uns? ♥

27 Was gefällt dir besser: der Sonnenauf- oder untergang?
28 Wobei hättest du von mir gerne mehr Unterstützung?
29 Wie ehrlich bist du zu dir selbst?
30 Wie viel Zeit hast du für dich?
31 Wie gut kannst du zuhören?
32 Welche Umwege haben wir zwei gemacht?
33 Was würdest du anders machen, wenn du noch einmal zwanzig wärst?
34 Wie lautet der Werbespot, der dich als Partner anpreist?
35 Was ist das Wichtigste im Leben?
36 Unter welchen Symptomen hast du gelitten, als du frisch verliebt warst?
37 Wie lange hältst du es aus ohne mich?
38 Wie schmeckte mein allererster Kuss?
39 Was hast du gedacht, als du mich das allererste Mal gesehen hast?

40 Was haben wir gemeinsam?
41 Welche deiner Träume sind durch mich wahr geworden?
42 Welchen Ort der Welt möchtest du mir zeigen?
43 Was ist das Beste, das wir beide je zusammen gemacht haben?
44 Welches Tier wärst du gern?
45 Wie kann ich dir Selbstvertrauen geben?
46 Welches Musikinstrument fällt dir ein, wenn du an mich denkst?
47 Womit machst du dir das Leben unnötig schwer?
48 Bei welchem Thema bekommen wir Streit?
49 Was hat dir zum letzten Mal Mut gemacht?
50 Warum ist X dein/e beste/r Freund/in?
51 Warum passen wir zusammen?
52 Warum interessieren uns die Beziehungsprobleme der anderen?

♥ kennen wir uns? ♥

53 Worüber können wir gemeinsam lachen?
54 Wann hast du dich das letzte Mal in mich verliebt?
55 Was gefällt dir am besten an dir?
56 Was gefällt mir an dir am besten?
57 Was gefällt dir an mir am besten?
58 Was bedeutet das Wort Respekt?
59 Wofür hättest du gerne mehr Komplimente?
60 Was hasst du bei der Arbeit/im Haushalt, wovon ich nichts weiß?
61 Was macht mich einmalig?
62 Was möchtest du an mir verändern?
63 Welches Lied verbindest du mit mir?
64 Welches Buch hat dein Leben verändert?
65 Was ist Liebe?
66 Wofür fehlt dir im Augenblick die Zeit?
67 Worin sind wir zwei schwach?
68 Wie lösen wir Probleme?
69 Was beschäftigt dich am meisten: Gegenwart, Zukunft oder Vergangenheit?
70 Was bringt dich weiter: der Weg oder das Ziel?
71 Was macht dir Angst?
72 Weißt du, in welcher Landschaft ich mich am wohlsten fühle?
73 Würdest du gerne die Wohnung öfter umräumen?
74 Woran glaubst du?
75 Was magst du lieber: Wald oder Wellnessanlage?
76 Was waren die glücklichsten Momente deines Lebens?
77 Was war der traurigste Moment deines Lebens?
78 Was magst du lieber: Tannen- oder Laubbäume?
79 Würdest du gerne noch einmal zur Schule?

80. Woran glaubst du nicht?
81. Wie viele deiner Gedanken sind deine Gedanken – und wie viele hast du übernommen?
82. Welche dieser drei Städte würdest du am liebsten besuchen: Luzern – Tokyo – Kinshasa?
83. Welche dieser drei Städte würdest du am liebsten besuchen: Winterthur – Los Angeles – Casablanca?
84. Was bedeutet dir Geld?
85. Was magst du lieber: dunkelrot oder hellblau?
86. Was ist das Anspruchsvolle an einer Beziehung?
87. Wann möchtest du am Morgen wirklich aufstehen?
88. Wie veränderst du dich?
89. Wie wirst du mutiger?
90. Wie wirst du schöner?
91. Was magst du lieber: Seen oder Flüsse?
92. Wann hast du dich das letzte Mal gelangweilt?
93. Mit welchem Schauspieler würdest du gerne vierundzwanzig Stunden verbringen?
94. Mit welcher Schauspielerin würdest du gerne vierundzwanzig Stunden verbringen?
95. Wenn du mich mit einer Stadt vergleichen müsstest: Welche wäre das?
96. Wie sieht die Landschaft aus, die ist wie ich?
97. Welchen Augenblick möchtest du mit mir ein zweites Mal erleben?
98. Sollen wir zusammen ein Bild malen?
99. Welche historische Persönlichkeit würdest du gerne treffen?
100. Was würdest du in rauen Mengen und ohne schlechtes Gewissen essen wollen?

»Die Frauenseele
ist ein offenes Buch –
geschrieben in
einer unverständlichen
Sprache.«

Ephraim Kishon

mannsbilder

❧ mannsbilder ☙

Bist du glücklich?

SIE »Na, wie war's?« Ich liege wach im Bett und bin in Plauderlaune, als Schneider von seinem Männerabend zurückkommt.
Er greift zum Wecker: »Schön.«
»Und, was hat er so erzählt?«
Schneider blickt zu mir rüber: »Alles Mögliche. Liebe Grüße.«
»Danke. Wie geht's ihm?«
Er stellt den Wecker und sagt: »Gut.«
Gut. Aha. »Und sonst?«
»Was, sonst?« Schneider macht sein Licht aus.
»Sag mal, willst du nicht reden oder ist irgendwas?«
»Es ist nichts. War ein lustiger Abend. Da gibt's nicht viel zu erzählen.«
»Aber *worüber* habt ihr euch unterhalten?«, frage ich, nun doch etwas ungeduldig.
»Über dies und das und so.« Dann dreht er mir den Rücken zu.
»Du triffst einen alten Freund nach langer Zeit mal wieder und sprichst mit ihm über ›und so‹? Willst du nicht wissen, wie's ihm geht? Redet ihr nicht über die Zukunft? Interessiert es dich nicht, ob er glücklich ist?«
Nach einer langen Pause, in der ich mich frage, ob Schneider eingeschlafen ist, fragt er: »Ich soll einen Kumpel beim Bier fragen, ob er glücklich ist?«
»Warum nicht?«
»Weil das kein Mann einen anderen Mann fragt! Ich fände es seltsam, wenn mir ein Mann diese Frage stellen würde. Und jetzt gute Nacht.«
Gute Nacht? Nein, mein Lieber, nun will *ich* es aber wissen: »Bist denn *du* glücklich?« ✒

ER Was ist Glück?
Durch das geöffnete Schlafzimmerfenster höre ich den Regen, es riecht nach frischer Luft und Erde. Ich strecke mich unter meiner Decke und atme tief ein. Mein Schwiegervater, der in Deutschland im Krieg aufwuchs, hat einmal gesagt: »Glück ist, an einem Ort zu schlafen, wo es warm, trocken und weich ist.«
So gesehen bin ich gerade sehr glücklich.
»Warum sagst du nichts?«, fragt Schreiber neben mir.
Warum? Weil ich schlafen will. Oder soll ich nun antworten, dass ich es warm und trocken habe und hier gerade kein Krieg herrscht?
»Und?«
»Ja. Ich bin glücklich. Können wir jetzt schlafen?«
»Und warum bist du glücklich?«
Mann, Frauen!
Für den Ehefrieden wär's das Beste, wenn ich jetzt antworten würde: »Weil du, unsere Kinder, das Leben und unsere Liebe mich glücklich machen.« Aber ich bin ja bereits mit weit weniger glücklich und sage: »Weil ich grad mit einem Freund auf ein Bier war und mich einfach nur über die Arbeit, über Fußball und Formel 1 unterhalten konnte!« ✂

☙ mannsbilder ☙

Die Hauszeitung

SIE Wir haben eine Tages- und eine Sonntagszeitung abonniert. War Schneiders Wunsch. Denn da wir ohne Fernseher leben, bleibt uns genügend Zeit, die gedruckten Blätter zu lesen. Womit Schneider in der Regel schon frühmorgens beginnt.
Ich nicht. Ich fange den Tag nur ungern mit Meldungen aus aller Welt an, die selten gut sind. Ich will meinen Cappuccino trinken, ohne an Krisen und Katastrophen zu denken. Darum lasse ich die Zeitung liegen, bis ich innerlich bereit bin für globale Probleme. Ehrlich gesagt bin ich das nie. So gesehen brauche ich den Papierkrieg in seiner ganzen Fülle nicht.
Womit ich in unserer Familie eine Ausnahme bin.
Denn interessanterweise werden unsere Zeitungen im Lauf eines Tages immer dünner. Das hängt unter anderem mit den Kindern zusammen, die Tiere und Fußballer ausschneiden und wilde Collagen daraus machen – doch vor allem mit Schneider. Denn er liest die Zeitung nicht einfach am Küchentisch, sondern im ganzen Haus.
Auf dem Klo.
Im Bett.
Am Schreibtisch.
In der Wanne.
Und dann lässt er die Seiten liegen, wo er sie gelesen hat.
Faulheit?
Oder der Urtrieb des Männchens, sein Revier zu markieren?
Ich befürchte: beides. ✎

ER Unsere neue Tageszeitung ist ein Vergnügen!
Ich habe wieder richtig Spaß am Lesen.
Oder soll ich sagen: hätte?
Denn in unserer Familie respektiert niemand, dass ich zum Lesen meine Ruhe brauche. Es wären ja bloß ein paar Minuten! Zum Beispiel am Küchentisch. Oder in der Stube. Aber kaum schlage ich die Seiten auf, plaudert Schreiber aus ihrem Leben, stellt mir Fragen, plant das Wochenende. Ohne Vorwarnung und ohne Rücksicht darauf, dass ich einfach nur lesen will.
»Hörst du mir überhaupt zu?«, fragt sie dann vorwurfsvoll. Wie denn? Ich bin ein Mann und kann nicht lesen und dabei gleichzeitig ein Gespräch führen. Aber das begreift sie nicht. Das verstand sie auch damals nicht, als wir noch unseren Fernseher hatten: Da kommentierte sie jeden Krimi, fragte mich während der Fußballübertragung, was sie kochen solle, quälte mich beim Tennis-Finale mit Beziehungstheorien. Leider konnte ich den Fernseher nicht unter den Arm klemmen und im Kinderzimmer das Formel-1-Rennen in aller Ruhe zu Ende schauen.
Das kann ich jetzt zwar auch nicht – aber mich immerhin mit dem Sportteil ins WC einsperren! ✂

◦○ mannsbilder ○◦

Eintippen, ausflippen

SIE Zu Besuch bei Freunden fragen unsere Kinder, ob sie *KI.KA* einschalten dürfen. So ist das eben, wenn man zu Hause keine Flimmerkiste hat. Schneider giftelt, wie ihn das ärgere, dass unsere Kinder fernsehen wollen, sobald wir bei anderen daheim seien. »Wirklich unsozial«, raunt er mir zu.
Ach was! Dank Kinderprogramm können wir Erwachsenen in Ruhe miteinander reden. *KI.KA* hat so gesehen eher eine soziale Funktion.
Während wir Erwachsenen plaudern, legt unser Freund auf einmal sein iPhone auf den Tisch. Schneider bekommt große Augen und sagt: »Kennst du den Fünfkampf?« Der Gastgeber scheint nur auf dieses Stichwort gewartet zu haben und tippt auf das Teil, bis eine Fanfare ertönt. Er hält ihm strahlend das Telefon unter die Nase.
Ich staune! Schneider hat kein iPhone und behauptet, dass er keines wolle – doch nun wischt und drückt er ebenfalls wie wild drauf herum und ruft dann: »9,83 Sekunden im Hundertmeterlauf!«
Ich ärgere mich. Aber da der Gastgeber begeistert mitspielt, will ich nicht die Nörgeltante sein und als Einzige rummosern. Ich versuche deshalb, die beiden zu ignorieren. Was mir nicht wirklich gelingt, denn zwischendurch schreien die Herren sogar sehr laut vor Vergnügen – worauf ich unerwartet Hilfe von den »unsozialen« Kindern erhalte: »Papi«, beschwert sich meine Ältere, »könnt ihr nicht endlich ruhig sein?«

ER »Was sagst du denn dazu?«
Schreiber stört mich mit ihrer Frage gerade im Anlauf zum Stabhochsprung, und prompt verpasse ich mit dem Stab den Einstichkasten. Ich blicke leicht verärgert auf. »Wie bitte?«
»In den USA gibt es Selbsthilfegruppen für Frauen, deren Männer ein iPhone haben.«
Mein Kumpel und ich schmunzeln. »Typisch Amis, was?«, sage ich, wende mich wieder dem Gerät zu, um mindestens über 5.20 Meter zu springen. Es klappt! 5.43 Meter! Zufrieden gönne ich mir eine Pause und schaue gelassen in die Runde.
Schreiber wirft mir einen strengen Blick zu, sie versteht den Spaß am Spiel nicht, typisch Frau. Ich beschließe, sie aufzuheitern: »Letzten Herbst auf der zweitägigen Wanderung, da hatten zwei meiner Kumpels ein iPhone mit dabei. Ich sage euch, die haben gar nicht gesehen, wie schön das Tessin ist, sondern dauernd unsere Koordinaten bestimmt, die Agenda aktualisiert und ab und zu sogar telefoniert. Die kümmern sich um ihr iPhone echt mehr als um ihre Frauen.«
Unsere Freunde lachen. Schreiber nicht.
Sie schaut noch giftiger drein.
Ein wenig geselliger sollte sie schon sein, finde ich.
Immerhin sind wir hier zu Gast. ✄

☙ mannsbilder ☙

Auf dem Sofa

ER Ich freue mich sehr, dass ein Freund aus alten Zürcher Journalistentagen uns besucht. Ein spannender Typ, Fotograf, Mann von Welt. Eine Ehre, wenn er in den Aargau reist. Wir verabreden uns auf Sonntagmittag im Thermalbad, bei den Sofas am Eingang.
Schreiber begleitet – oder soll ich sagen: drängt? – mich und die Kinder zum Bad. Deshalb sind wir viel zu früh dort – ihre Überpünktlichkeit ist mir etwas peinlich. Statt mit uns zu baden, will sie lieber spazieren. Das wiederum begrüße ich: Ohne Mutter ist das Planschen für Kinder und Vater entspannter. Wir verabschieden uns, sie zieht los, wir setzen uns aufs Sofa. Während ich mit den Kindern Schere-Stein-Papier spiele, behalte ich den Eingang im Auge.
Doch mein Kumpel kommt nicht.
Mein inneres Zeitgefühl und die Uhr an der Wand sagen mir nach einer Weile, dass wir schon recht lange warten. Hm. Sind Männer von Welt unpünktlich? Oder hat er eine Panne gehabt? Stau?
»Ruf doch mal an«, sagt meine Größere. Ich wühle in allen Taschen, finde aber kein Handy. Ist es zu Hause? Im Büro? In Schreibers Handtasche?
»Vielleicht gibt es einen zweiten Eingang«, sagt sie nun. Ich lächle und sage: »Guter Gedanke, aber weißt du: Ich kenne mich hier aus. Wir warten jetzt noch ein bisschen.« Als ich das nächste Mal auf die Uhr schaue, ärgere ich mich gleich noch mal, dass Schreiber so sehr auf Pünktlichkeit gedrängt hatte – denn deshalb warten wir nun schon so lange! ✂

SIE Nach meinem gemütlichen Sonntagsspaziergang mit mir allein am Rhein entlang komme ich gegen eins nach Hause. Auf unserem Telefon: vier Anrufe in Abwesenheit von einer Nummer, die ich nicht kenne. Scheint wichtig zu sein. Ich rufe deshalb an, ohne zu wissen wen. Schneiders Zürcher Kumpel hebt ab.
»Sag mal, ihr seid doch im Thermalbad verabredet?«, sage ich.
»Genau, das dachte ich auch. Ich warte hier seit einer Stunde. Aber er kommt nicht.«
»Was? Er ist schon längst dort, ich habe ihn persönlich und pünktlich dort abgeliefert.«
»Gibt's in Zurzach zwei Thermalbäder?«, fragt er.
»Natürlich nicht. Wo bist du denn?«
»Im Bad. Auf irgendwelchen Sofas.«
»Sofas?«
»Ja, so eine Lounge!«
»Siehst du die Kassen?«
»Welche Kassen? Ich sehe das Becken.«
»Aha. Dann gehst du am besten wieder hinaus vors Gebäude und dort rein, wo groß ›Eingang‹ steht.«
Ich höre, wie er sich in Bewegung setzt und nach einer Weile ruft: »Tatsächlich! Jetzt sehe ich ihn!«
Super. Schneider und sein Kumpel haben eine Stunde aufeinander gewartet – in einer Distanz von dreißig Metern, jeder auf einem Sofa. Erstaunlich, dass Männer den Weg zum Mond gefunden haben. ✑

☙ mannsbilder ☙

Schmerz, lass nach!

ER Einmal jährlich erinnert mich mein Rücken daran, dass doch nicht alle Menschen für den aufrechten Gang geschaffen sind. Ich gehöre zu jenen, bei denen unsere ursprüngliche Fortbewegung auf vier Pfoten stark verwurzelt ist.
Auf dem Sofa liegend versuche ich zu lokalisieren, wo genau es wehtut. Aber anders als sonst ist der Schmerz dieses Mal so stark, dass gleich der ganze untere Rücken ein einziges pulsierendes Höllenfeuer ist.
»Ruf endlich den Arzt an«, sagt Schreiber, die in die Stube tritt, nachdem sie die Kinder zu Bett gebracht hat. »Du machst sonst heute Nacht kein Auge zu. Und ich auch nicht.«
»Es ist bereits halb neun vorbei«, antworte ich. »Auch ein Arzt hat mal Feierabend.«
»Wofür gibt's Ärzte? Damit sie einem helfen, wenn man sie braucht. Schmerzen kennen keine Bürozeiten. Ruf an!«
Ich seufze. Zu den Dingen, gegenüber denen ich abgrundtiefe Abneigung verspüre, gehören telefonieren und zum Arzt gehen. »Nein«, sage ich.
»Ich schlafe nicht, wenn du die ganze Nacht jammerst. Ruf an, sonst mache ich es!«
»Das tust du nicht!«
»Oh, doch!«
Mir wird schlagartig bewusst, was noch schlimmer ist als telefonieren und den Arzt konsultieren: wenn meine Frau für mich den Arzt anruft! ✄

SIE Wenn Schneider sein Rücken plagt, tut mir das leid. Wenn er mich mit seinem Geächze und Gestöhne plagt aber nicht. Ich muss etwas unternehmen, halte ihm das Telefon hin und sage streng: »Du oder ich?« Er quält sich ächzend aus dem Sofa und tippt widerwillig die Nummer unseres Hausarztes ein, die ich diktiere. Ich höre ihm zu: Zunächst entschuldigt er sich, zu so später Stunde anzurufen. Späte Stunde? Es ist zwanzig vor neun.
Dann erklärt er dem Arzt, wo es schmerzt, seit wann und warum, dazwischen seufzt er gut hörbar. Auf einmal macht er ein erstauntes Gesicht: »Was? In zwanzig Minuten in Ihrer Praxis? Ja, nun, also, dann komm ich.« Schneider legt auf und sagt: »Jetzt fährt der doch tatsächlich über den Berg hierher.«
»Wow! Toll, dass du es geschafft hast! Wie mutig von dir!«, antworte ich dezent ironisch.
Schneider greift sich an den Rücken und schaut bestürzt.
»Was ist los?«, will ich wissen.
»Es tut plötzlich nicht mehr so weh!«
Ach! Hat die Angst vor dem Arzt schon Wunder gewirkt?
Da beginnt Schneider wilde Turnübungen im Wohnzimmer zu machen.
»Vorsicht! Was soll denn das?«
Er: »Wenn ich schon zum Arzt gehe, muss ich doch richtig Schmerzen haben!«

ഃ mannsbilder ☙

Der Warenprüfer

ER Wir betreten – keinesfalls wegen mir – ein schwedisches Möbelhaus. Denn Schreiber, Tochter eines Halbschweden, will mal wieder viel Geld sparen, indem sie billige Dinge kauft, die wir gar nicht brauchen, die ich nicht zusammenschrauben will und die auch nicht lange halten.
Wir schlendern durch die Gänge, sie schwärmerisch, ich gelangweilt. Sie streichelt zärtlich über eine Tischplatte mit Beinen aus Chromstahl und sagt: »Die wäre perfekt für unser Büro.«
Ich berühre den Tisch, er wackelt.
Sie blickt die Platte, den Preis und dann mich ganz verliebt an: »Der ist aber günstig!«
Extrem günstig, das gebe ich zu. Aber ich sage: »Wir haben einen Tisch im Büro, der stabil ist. Das reicht. Und du weißt doch: Was nichts kostet, ist nichts wert.«
Sie schaut etwas unglücklich und nennt mich »Einkaufsverhinderer«.
Bevor ihr weitere Kosenamen einfallen, schaue ich mir ein paar Schubladenelemente an, die weiter vorne auf ein Wandregal gestapelt sind.
Das rote sieht gar nicht schlecht aus. Fast schon gut.
Ich strecke mich und sehe den Preis.
Natürlich erstaunlich gut.
Ich rechne: Für wirklich sehr wenig Geld könnte ich Schreiber kurzfristig sehr glücklich machen. Um nicht weiter von Schreiber aufs Dach zu bekommen, rufe ich ihr ein Friedensangebot zu: »Schau mal, das passt doch perfekt zum alten Tisch!«
Sie reißt die Augen auf.
Aber Freude sieht meiner Meinung nach anders aus. ✄

SIE Schneider ist unmöglich: Er zieht an jeder Schublade, rüttelt an jedem Regal, hebelt an Betten herum. Absichtlich, wie mir scheint, nur um mir zu beweisen, dass »billig« und »schlecht« unzweifelhaft zusammengehören. Wo ist er denn nun? Ich blicke mich um und entdecke ihn vor einem hohen Wandregal. Was er gerade tut, ist alarmierend: Er streckt und reckt sich, ruckelt und zerrt an einem roten, metallenen Schubladenteil! Finger weg, denke ich, das sind doch Dekostücke! Schneider kippt das rote Teil schräg nach vorne, ruft mir etwas zu, die Schubladen geraten in Bewegung, rutschen, eine nach der anderen, heraus und rasen haarscharf an Schneiders Kopf vorbei. Mit lautem Geschepper landen sie am Boden und zerbeulen.

Als Erstes bin ich erleichtert, dass Schneider überlebt hat.

Als Zweites weiß ich, was dieses Möbelhaus noch einzigartiger machen würde: Wenn man im Spielzimmer am Eingang nicht nur Kinder bis acht Jahre, sondern auch unmögliche Männer abgeben könnte!

☙ mannsbilder ☙

Weitsicht

ER Ich strenge meine Augen an und es gelingt mir, den Satz zu entziffern: »Ab 45 beginnt die Altersweisheit.« Interessant, denke ich, verstaue den kleinen Brillenprospekt in meiner Jackentasche und schiele nach den anderen Leuten im Laden: Ich kenne niemanden, niemand kennt mich. Gute Idee von mir gewesen, die beiden geschäftlichen Termine in der Stadt so zu legen, dass ich dazwischen in einem großen Brillengeschäft unauffällig einen Blick auf Lesebrillen werfen kann.
Ich werde nämlich älter. Und das macht mir zu schaffen.
Doch halt! Ich kann es auch positiv betrachten, wie ich eben erfahren habe: »Ab 45 beginnt die Altersweisheit.« Alles, was die Natur vorsieht, hat also einen Sinn. In diesem Fall bedeutet das: Sehe ich die Details vor der Nasenspitze nicht mehr, richtet sich mein Blick zwangsläufig in die Weite. Auf diese Weise eröffnet sich das große Bild – und ich erkenne bedeutende Zusammenhänge statt unwichtiger Details. Faszinierend!
Ich greife nach einer Brille im Gestell und halte sie so weit von mir weg, bis es mir gelingt, das Preisschildchen zu lesen: Siebenundzwanzig Franken. Gut. So viel ist mir die Nebenwirkung meiner Altersweisheit allemal wert. ✂

SIE Schneider kommt bestens gelaunt aus Zürich nach Hause.
»Na, wie lief die Besprechung?«
»Gut!«, antwortet er, dann sagt er: »Schau mal!«, öffnet seine Mappe, zieht ein Etui heraus und strahlt.
Ich staune: Er hat sich eine Lesebrille gekauft!
Hat ja lang genug gedauert. Nach seinem letzten Jassabend erzählte er mir, das begehrteste Utensil am Tisch sei die Lesebrille des einen gewesen, der sich schon getraut hatte, eine Brille zu kaufen. Das hat wohl gewirkt. Schneider setzt sich die neue Brille auf und sieht gut aus. Irgendwie erwachsener. Er mustert sich unsicher im Spiegel, ich klopfe ihm ermutigend auf die Schulter: »Reife Männer haben durchaus ihren Reiz.« Er lächelt und sagt: »Irgendein Werber hat genau die richtigen Worte gefunden, um mir diesen Schritt zu erleichtern.« Er greift in seine Jackentasche und reicht mir einen kleinen bunten Prospekt. »Da steht irgendwo, dass ich nicht alt werde, sondern altersweise. Schön, nicht wahr?«
Ich schaue drauf und stelle fest: »Die Broschüre hast du vor dem Brillenkauf gelesen.«
Er blickt verblüfft: »Woher weißt du das?«
»Hier ist nicht die Rede von ›Altersweisheit‹, sondern von ›Altersweitsichtigkeit‹.«

℘ mannsbilder ℘

Die Lesung im Museum

ER In zehn Minuten beginnt die Lesung. Ich bin ein wenig nervös, wie immer. Aber dieses Mal warten wir nicht hinter einer Bühne, bis es los geht, sondern haben richtig gute Ablenkung: Wir lesen nämlich in einem Museum. Und bis wir vors Publikum treten, kann ich in aller Ruhe die Exponate studieren.
Faszinierend!
Ich entdecke ein Bad der alten Römer – vielleicht ein Original? Es misst etwa zwei auf zwei Meter, hat ebenso hohe Wände und dazu Sitzbänke. Alles aus Stein und über und über mit Mosaiken verziert.
Fantastisch!
Ich trete einen Schritt zurück, um zu sehen, ob irgendwelche zusätzlichen Informationen zu dieser antiken Wellnessoase angegeben sind. Nichts. Aber ebenso wenig steht, dass man sie nicht betreten dürfe. Klasse! Diese Museen heute bieten echte Erlebnisse. Sehr respektvoll steige ich in das Bad, stelle mich ins Zentrum der Wanne und bewundere die Mosaike!
Spannend!
Ich stehe auf zweitausend Jahre altem Kunsthandwerk. Künstler, Handwerker, Sklaven: Auf ihrer Hände Arbeit stehe ich! Was für ein Gefühl! Ich horche in die Antike – und höre auf einmal einen unangenehmen Sirenenton in der Ferne. Einen Augenblick stutze ich, dann muss ich grinsen. Vermutlich hat Schreiber – die sich ebenfalls mit einem Gang durchs Museum ablenkt – etwas angefasst und einen Alarm ausgelöst! ✂

SIE Noch zehn Minuten bis zur Lesung. Schneider ist weg. Ich streune ziellos durch die Gänge, komme an der Kasse vorbei. Die Museumsleiterin sagt: »Viel Glück!«, da geht die Sirene los. Sie schüttelt den Kopf, drückt Knöpfe, ruft zu ihrer Kollegin: »Schau mal, da ist so ein Depp ins römische Bad gestiegen!« Ich schiele auf den Bildschirm neben der Kasse: Wen sehe ich? Schneider. Fehlt nur noch, dass er in die Kamera winkt! Himmel! Als wäre ich nicht schon nervös genug! Ich sollte ihn vor Lesungen festbinden. Einmal ist er aufs Klo gegangen und kam nicht mehr zurück. Wir wurden angekündigt, ich ging auf die Bühne und vertröstete das Publikum, bis er endlich auftauchte. Sein Hemd hatte sich im Hosenladen verklemmt. An einer 1.-August-Rede stand er ohne die Notizen da: Er hatte sie zu Hause liegen lassen. Und bei unserer Island-Diaschau: Wer hatte die DVD mit all unseren Bildern im Büro im Computer stecken lassen?
Da kommt Schneider angeschlendert und meint augenzwinkernd: »Na, hast du was angestellt?«
Der hat Nerven!
Kurz vor einem Auftritt ist keine Zeit für Diskussionen. Aber danach, mein Lieber, gibt's noch eine private Lesung: jene der Leviten! ✒

mannsbilder

Online-Diagnose

ER »Symptome sind plötzlich auftretende, starke, drückende oder brennende Schmerzen im vorderen linken Brustbereich.« Ich bin höchst besorgt und lese weiter: »Zwischen dreißig und fünfzig Prozent der Herzinfarkte treten aus heiterem Himmel auf, ohne dass sie sich zuvor durch Schmerzen ankündigen.« Genau wie bei mir. Habe ich grade einen Herzinfarkt? Mein Gott! Schnell klicke ich mich im Internet weiter, während mich die brennenden Schmerzen in der linken Brust fast lähmen. »Schon bei jungen Erwachsenen ist ein gewisser Grad von Arterienverkalkung nachweisbar.« Ich fasse mir ans Herz. »Es gibt bestimmte Faktoren, die das Risiko für eine Gefäßverkalkung erhöhen. Dazu gehören: Bluthochdruck« … Könnte ich haben! … »Übergewicht« … Oh Mann! … »Bewegungsmangel« … Himmel!
So ist das also, denke ich, wenn man stirbt. Gestern noch das pralle Leben, und jetzt? Ich atme ganz flach, weil jeder Atemzug schmerzt. Ich surfe auf eine andere Seite: »Tatsache ist, dass rund fünfzig Prozent aller Herzinfarkte nicht überlebt werden.« Mein Gott, und nun? »Rufen Sie unverzüglich nach Auftreten der ersten Symptome den Rettungsdienst an. Sanitäts-Notrufnummer 144 (gültig in allen Kantonen).«
Meine Finger zittern, als ich zu Hause anrufe: Ich will meine Liebste hören. Wenigstens noch ein Mal! ✄

SIE Was für ein Schreck!
Schneider rief aus dem Büro bei uns daheim an, sagte leise, er müsse dringendst zum Arzt.
Das hat er noch nie gesagt.
Er müsse sofort hin, ich solle ihn bitte abholen und begleiten. Ein wenig übertrieben, dachte ich, denn die Arztpraxis liegt gleich gegenüber von unserem Haus und nur zweihundertfünfzig Meter von Schneiders Arbeitsplatz entfernt.
Unser Hausarzt machte ein EKG, zapfte Blut ab und bestätigte, dass wenig Bewegung und Übergewicht auch in Schneiders Alter typische Rahmenbedingungen für einen Infarkt seien – aber: Gottseidank, es war nichts! Jedenfalls kein Infarkt.
Schneider ist immer noch ganz erschüttert: »Ich sage dir: Als ob mein letztes Stündchen geschlagen hätte! Aus heiterem Himmel, ich schwöre dir, einfach so, ich saß auf dem Stuhl, da kamen diese Schmerzen, wie Blitze! Und dann habe ich im Internet gleich nachgelesen …«
Aha, das Internet! Schneiders treuer Begleiter. Bevor er einen Dübel in die Wand bohrt, erfragt er im WWW die besten Tipps. Wenn er Capuns kochen will, sucht er das Rezept im Netz – dabei haben wir das Regal voller Kochbücher.
Ich koche ihm Tee und atme erleichtert aus. Bin ich froh, dass alles gut ist! Er greift nach der Tasse, seufzt, hält sich die Brust – und jetzt wird mir klar, woran er leidet: an gezerrten Brustmuskeln! Gestern Abend hüpfte er mit seinen Neffen auf ihrem großen Trampolin rum. Wie ein Wilder. Wie ein Schneider eben.

mannsbilder

Nichts in Sicht

ER Das gibt's doch nicht! Ich gehe das ganze Kühlregal noch einmal ab: Hartkäse, Weichkäse, Quark, Joghurt, Saucenrahm, Butter, Vollmilch. Wer isst das alles?
Und wieso fehlt in dieser riesigen Auswahl Mascarpone?
Hat sich Schreiber doch geirrt? Haben die gar keinen Mascarpone hier? Wenn es den hier nämlich gäbe, dann müsste ich ihn doch sehen! Ich habe einen Blick wie ein Adler – zumindest in die Weite.
Also schreite ich den gleichen Weg zurück, diesmal in Superzeitlupe. Gleiches Ergebnis: Nichts! Kein Mas, kein car, kein pone!
Ich könnte jetzt eine Verkäuferin fragen. Doch wozu? Hätte es in diesem Laden Mascarpone, dann würde ich ihn sehen. Dieser Kalorienbomber ist anscheinend nur in ausgesuchten Delikatessgeschäften erhältlich, sehr zum Vorteil meiner Linie.
Da höre ich eine vertraute Stimme, Schreiber kommt samt vollem Einkaufswagen auf mich zu. Sie lacht und sagt: »Ach, immer noch hier?«
Bevor ich ihr erklären kann, dass wir das Tiramisù vergessen können, marschiert sie an mir vorbei, greift mit sicherem Griff in die Auslage und streckt mir triumphierend eine blauweiße Dose vors Gesicht, grade so, als wäre das ganze Regal mit Mascarpone gefüllt.
Wie macht sie das? ✂

SIE Schneider schleicht im Laden vor dem Kühlregal herum, als wäre er ein fährtenlesender Indianer. Doch mein Mann würde nicht mal dann einen Bison sehen, wenn er einer ganzen Büffelherde gegenüberstände. Ich frage mich, wie Männer überhaupt jemals etwas finden würden ohne uns Frauen! Meiner nimmt einfach nicht wahr, was er vor seiner Nase hat: die Butter im Kühlschrank, den aufgeräumten Küchenschrank, die Zündhölzer in der Schublade, meine neue Brille in meinem Gesicht.
Wie oft hat er schon gerufen: »Liebste, wir haben kein Curry mehr!« oder: »Der Schlüssel ist weg!« oder: »Mein Handy ist nicht auf dem Tisch!« Ein Blick von mir genügt, um jeweils festzustellen, dass alles genau dort ist, wo es hingehört. Seine Alltagsblindheit beruht meiner Meinung nach auf männlicher Faulheit und Selbstüberschätzung: Statt sich mit dem Naheliegenden auseinanderzusetzen, erklärt er mir lieber detailliert den Aufbau von Atomkernen – die, wie er beeindruckt anfügt, noch nie jemand gesehen habe.
Passt doch wie die Faust aufs Auge! Männer erforschen Dinge, die man nicht sieht, und Frauen finden Mascarpone blind. Womit einmal mehr bewiesen wäre, wer bei uns den Durchblick hat: ich!

ꙮ mannsbilder ꙮ

Ein friedlicher Abend

ER Ich habe Vater-Abend. Ein toller Abend. Ich bin zwar sehr müde, aber die Kinder machen richtig gut mit. Sogar beim Zähneputzen! Ich bin zufrieden mit uns.
Und ich find's gut, dass Schreiber mal wieder was für sich macht. Es freut mich auch, dass sie, die Städterin, sich hier so wohl fühlt und spürt, wie gut man auf dem Land leben kann!
Ich lese unseren beiden Töchtern ein Kapitel aus *Pippi Langstrumpf* vor, danach kuschelt sich Alma zufrieden in ihr Bett und sagt: »Danke für den schönen Abend. Jetzt bin ich müde.« Schön! Ich gähne und höre, wie Ida Paulina wieder aus ihrem Bett klettert und in ihrem Zimmer vergnügt die Holzeisenbahn zusammensteckt. Also gehe ich in Idas Zimmer. Sie strahlt mich an. Himmel, braucht dieses Kind keinen Schlaf?
Ich lege mich auf den Boden und stecke Schienen zusammen. Ida Paulina bringt ihre Holztiere, denn zu einer Eisenbahn gehören natürlich auch Bauernhöfe und Zoos.
Ich bette meinen Kopf auf ihren weichen Eisbären, der sich als Kissen wunderbar eignet, und finde es ja grundsätzlich gut, dass Ida so kreativ spielt. Als das Telefon klingelt, wetzt Ida los. Wird wohl Schreiber sein. Ich schließe kurz die Augen und warte, bis mich Ida Paulina ans Telefon ruft … ✂

SIE Ich bin ins Kino gegangen. Alleine. Schneider hatte mich auf die Idee gebracht. »Du solltest mal wieder was unternehmen. Entspanne dich. Lenke dich ab. Ich kümmere mich um die Kinder!«
Habe ich nicht einen wunderbaren Mann? Statt Blumen schenkt er mir freie Zeit.
Wobei: Ich hätte ja auch an Blumen Spaß gehabt.
Nach dem Film rufe ich zu Hause an. Es klingelt, aber niemand hebt ab. Ich denke nach: Vermutlich bringt Schneider die Kinder gerade ins Bett. Ist ja, wenn ich mir das richtig überlege, auch eine ungünstige Zeit um anzurufen. Erst um halb neun versuche ich es noch mal, nach der Kokosnusssuppe, die ich beim Thailänder gegessen habe. Köstlich!
Es klingelt. Ida Paulina hebt ab.
»Hallo Süße, bist du noch nicht im Bett?«
Sie lacht.
»Und der Papa? Was macht der? Kann ich ihn mal sprechen?«
Ida lässt den Hörer fallen. Ich höre ihre Schritte sich entfernen.
Ich warte.
Jetzt höre ich ihre Schritte wieder näher kommen. Ida Paulina meldet sich zurück: »Papa schläft!«

mannsbilder

Millimeterschnitt mit Folgen

ER Der Spruch ist nicht von mir, trifft aber auf mich zu. Er lautet: »Es gibt nur einen wirksamen Schutz gegen Haarausfall: eine Glatze.«
Also bin ich zum Coiffeur, der mir einen Millimeterschnitt verpasste. Schreiber fand das überhaupt nicht lustig. Und überhaupt nicht schön. Egal. Auch ein extremer Kurzhaarschnitt will gepflegt sein, und jetzt, nach zehn Tagen, muss er gestutzt werden. Auf meine Frage, ob sie sich das zutraue, meint Schreiber: »Natürlich kann ich das. Man braucht bloß das richtige Instrument dazu. Und ich weiß auch schon, wo ich das kriege.« Sie eilt zur Nachbarin.
Eigentlich kommen mir die ersten Zweifel, als sie den Schneideaufsatz verkehrt auf den Rasierapparat stecken will. Aber – das kann ja passieren. Das war ein Fehler: Es ist später Abend, alle Coiffeursalons haben längst geschlossen, morgen früh muss ich an eine Sitzung und auf meinem Kopf glänzt eine rosa Schneise von der Stirn in Richtung Nacken.
Schlimmer als mein gegenwärtiger Haarschnitt ist, so scheint mir, der Zustand von Schreiber. Sie lehnt an der Badezimmerwand, starrt ungläubig auf das Rasiergerät in ihren Händen und atmet heftig. »Es tut mir wirklich leid«, flüstert sie.
Gleich wird sie losheulen.
Stattdessen prustet sie los. Lauthals.
Gleich muss *ich* losheulen. ✂

SIE Dass sich Schneider ratzfatz die Haare geschoren hatte – ohne Vorwarnung – sitzt mir in den Knochen. Ich konnte mich von seinen dünnen und schütteren Locken nicht einmal mehr verabschieden.
Dabei hat es mich nie gestört, dass mein Liebster ein bisschen zerzaust daherkam. Im Gegenteil. Das machte ihn verwegen.
Nun ist alles anders: Ich lebe seit kurzem mit einem Mann zusammen, der wie Bruce Willis aussieht, aber nur einen Bruchteil von ihm verdient und etwa halb so groß ist.
Abgesehen davon ist Bruce Willis überhaupt nicht mein Typ.
Mit gefallen eher Genießertypen wie Gérard Depardieu, und mein Schneider hatte sämtliche Voraussetzungen dazu: dünnes Haar, Ansatz zur Wampe.
»Und so soll ich morgen an die Sitzung?« Schneider schaut sich entsetzt im Badezimmerspiegel an.
Ich konzentriere mich darauf, nicht wieder lachen zu müssen, und schweige vorsichtshalber. Ist er schon bereit für den nächsten radikalen Schritt? Denn die einzige Frisur, die jetzt noch möglich ist, ist die Vollglatze.
»Buddhistische Mönche sind sehr angesehen«, sage ich.
Er blickt mich hoffnungsfroh mit glänzender Schneise an. Mist! Gleich muss ich wieder lachen.

♥ männerfragen ♥

Auch Männer haben Fragen …

- **Warum wollen Frauen immer über Filme reden?**

- **Warum brauchen Frauen viele Kleider?**

- **Warum wollen Frauen immer mehrere Dinge gleichzeitig tun?**

♥ männerfragen ♥

- Warum stellen Frauen Duftlämpchen auf?
- Warum erzählen Frauen alles ihrer besten Freundin?
- Warum stressen sich Frauen damit, Kind und Karriere unter einen Hut zu bringen?
- Warum gehen Frauen gestylt aus, laufen daheim aber im Schlabberlook herum?
- Warum kaufen Frauen ein, als gelte es den nächsten Winter zu überleben?
- Warum sammeln Frauen leere Parfumflaschen und Lippenstifte?
- Warum rasieren sich Frauen die Beine nur im Winter?
- Warum weinen Frauen dauernd?
- Warum fallen Frauen auf Antifaltencremes herein?
- Warum verstehen Frauen Männer nicht?

»Ich habe nie geheiratet, weil ich drei Haustiere zu Hause habe, die den gleichen Zweck erfüllen wie ein Ehemann. Ich habe einen Hund, der jeden Morgen knurrt, einen Papagei, der den ganzen Nachmittag flucht, und eine Katze, die spät in der Nacht nach Hause kommt.«

Marie Corelli

tierversuche

∽ tierversuche ∾

Ein Herz für Tiere

SIE Wir krabbeln im Kinderzimmer auf dem Boden herum und suchen unser jüngstes Haustier: eine Stabschrecke und ihr Ei.
Ich schaue unters Bett und sage zu meiner Tochter: »Kriech mal drunter. Vielleicht ist sie dort.« Sie quetscht sich zwischen Boden und Möbel. Als sie wieder hervorkommt, hängt Staub in ihren Haaren. »Ich sollte mal wieder gründlich staubsaugen«, sage ich. »NEIN! Bloß nicht«, schimpft meine Tochter, »wir müssen erst Sara und das Ei finden!«
»Sara? Wer ist Sara?«
»Unsere Stabschrecke«, antwortet meine Tochter.
»Das ist ja süß von dir. Seit wann hat deine Stabschrecke einen Namen?«
»Seit immer!«
Also seit heute Nachmittag, denn seit dann haben wir die Stabschrecke. Ein Geschenk einer tierfreundlichen Familie hier im Ort, die sich vor lauter Stabschrecken nicht mehr zu helfen weiß. Wir suchen weiter nach Sara, als Schneider die Bühne betritt: »Was macht ihr?«, fragt er.
»Wir vermissen ein Tier, das wie ein Zahnstocher aussieht und auf den Namen Sara hört. Und ein Ei. Pass also auf, wo du hintrittst.« Er ist gleich bei der Sache und kniet sich auf den Boden.
Ich entdecke einen Krümel. Kreisrund. Fast schwarz. »Das Ei! Ich hab es! Meine Güte, dass daraus mal ein Tier werden soll!« Meine Tochter nähert sich vorsichtig, seufzt und sagt: »Aber Mama! Das ist doch ein Popel.«

৪০ tierversuche ०३

ER »Was macht der Nasenböögg auf dem Teppich?«, frage ich.
»Ich hatte kein Nastüechli«, erklärt unsere Ältere.
»Hm, vielleicht hat Ida das Ei gegessen«, sage ich.
»IDA!? Oh Gott!«, sagt Schreiber erschüttert.
»Ida isst doch alles. Und so ein Ei schmeckt bestimmt ganz fein.« Meine beiden Frauen blicken böse. Ich erkläre deshalb ernsthaft: »Eine Stabschrecke lebt auf Ästen, nicht wahr? Also klettert sie gerne. Vielleicht sollten wir mal am Vorhang nachsehen.« Und tatsächlich: Da hängt sie. Wie ein Zahnstocher. Das Ei jedoch fehlt immer noch.
Alma, die ein großes Herz für Tiere hat, beschließt nun, auch Saras Ei ins Herz zu schließen, sogar noch mehr als das erwachsene Tier, denn Sara könne schließlich ja schon für sich selber sorgen, aber ein Ei …
»Papi, ein Ei, das ist ja noch ein Baby, verstehst du das?« Almas Stimme zittert.
Mir scheint eher, dass Alma weitere Gründe sucht, um nicht ins Bett zu müssen. Schreiber blickt todmüde, Alma schluchzt, und ich denke scharf nach, wo ich jetzt um diese Zeit ein kleines schwarzes Ei herkriege.
»Muss rasch aufs WC«, sage ich und steuere stattdessen auf die Küche zu. Ich weiß: Im Schrank haben wir irgendwo ein Tütchen Mohnsamen. ✄

☙ tierversuche ☙

Ein Pferd, ein Pferd!

SIE Der gezeichnete Wunschzettel unserer Kleineren hat eine klare Linie:
Ein Pferd.
Ein weißes Pferd.
Ein Mama-Pferd mit Baby-Pferd.
Eine dünne Frau mit Pferd. Ach so, eine Barbiepuppe.
Ein Schlitten und vorne dran ein Pferd.
Ich kann sie verstehen. Ein Pferd war auch mein Traum als Kind.
Außerdem ist da noch eine Lupe. Eine Lupe? Viel zu gefährlich, vor allem in einem Holzhaus. Ich sehe schon Sonnenstrahlen gebündelt auf Papier scheinen und alles in Brand setzen. Oh Gott! Ich streiche die Lupe.
Die Barbiepuppe? Warum eigentlich nicht! Ich habe als Kind auch mit denen gespielt und bin weder magersüchtig noch dumm geworden. Finde ich jedenfalls.
Beim Pferd, ihrem Herzenswunsch, wird die Sache allerdings tückisch.
»Deine Tochter möchte ein Pferd!«, sage ich zu Schneider, der aus gewelltem Papier Weihnachtsschmuck bastelt. Er schüttelt energisch den Kopf, dabei glitzert seine Nase (es glitzert zur Zeit im ganzen Haus): »Wir haben zwei Katzen!«
»Richtig. Bloß finde ich, dass wir unserer Tochter erklären müssen, warum es kein Pferd gibt.«
Schneider schaut mich mit weihnachtlich saurer Miene an, fuchtelt mit dem Leimstift und sagt: »Nein. Wir sagen einfach Nein und basta!«
Typisch Schneider. Kapiert nicht, dass wirklich große Wünsche ernst genommen werden müssen. Sonst hätte er mir letzte Weihnachten statt eines Wohnmobils nicht nur einen Campingtisch geschenkt. ✐

ER Ich erinnere mich, wie ich mir als Erstklässler eine Rakete vom Christkind gewünscht habe. Ich wollte unbedingt zum Mond fliegen, das war damals ziemlich aktuell. Unter dem Weihnachtsbaum war allerdings kein Paket der entsprechenden Größe, und was ich schließlich auspackte, war eine etwa dreißig Zentimeter lange Apollo, die auf drei Rädern im Schneckentempo herumfuhr und dabei blinkte. Fliegen konnte die Rakete nicht, und Platz hatte ich auch nicht darin. Es waren meine schlimmsten Weihnachten, und ich fragte mich, wie das Christkind mich derart grundfalsch verstehen konnte.

»Papa? Pippi Langstrumpf hat auch ein Pferd, und das lebt auf der Veranda, und wir haben doch auch eine Veranda.« Die Kleine blickt mich erwartungsfroh an.

»Bloß wie soll das Christkind denn mit einem Pferd durch das Fenster in unsere Stube kommen?«, frage ich.

»Aber ich will doch ein Fehlen«, sagt sie. »Das ist ganz klein.«

»Fohlen«, seufze ich.

»Ja. Redest du mit dem Christkind?« Ihre Augen leuchten. »Bitte, bitte!« Ich nicke. Sie strahlt und rast in den oberen Stock. Dort höre ich sie rufen: »MAMA, MAAAAMA! Der Papa spricht mit dem Christkind. Und wenn das Fohlen groß ist, darfst auch du mal reiten!«

Ich schlucke: Jemand wird diese Weihnachten sehr enttäuscht sein. ✂

◦ tierversuche ◦

Eine Frage von Tagen

SIE Die Wunschliste unserer Kinder für weitere Mitbewohner ist lang: Sie reicht vom kleinen Bruder bis zum Pferd. Dazwischen liegen Rennmäuse, Meerschweinchen, Hamster, Hunde. Das führt oft zu Diskussionen, denn wir zwei Großen haben nicht vor, unser Haus in eine Arche Noah zu verwandeln. Das sehen unsere Kleinen anders. Auch unser Argument, wir hätten schon zwei Kater und momentan sechs Stabschrecken, lassen unsere Töchter nicht gelten. Und dass immer wir Großen die Tiere füttern müssen, ist für sie kein Grund, um Nein zu sagen, denn das wäre bei einem neuen Tier »gaaanz anders«, beteuern sie.

Da fällt mir etwas ein. Meine Nachbarin hat drei Kinder und einen Hamster. Sie hat mir vor kurzem erzählt, dass außer ihr niemand mehr den Hamster füttern würde – trotz gegenteiliger Versprechungen ihrer Kinder. Kenn ich doch! Ich rufe sie an und erzähle ihr von meiner Idee. Sie ist begeistert.

Am Abend weihe ich Schneider ein: »Wir hüten ab übermorgen ihren Hamster für eine Woche. Wetten, dass danach für unsere Töchter das Thema Hamster erledigt ist?«

»Ja«, antwortet er verärgert und ergänzt: »Wetten, dass der Hamster dann auch erledigt sein wird?«

tierversuche

ER Ich bin überstimmt. Hami aus dem Nachbarhaus kommt zu uns in die Ferien. Das endet in einer Katastrophe, denn unsere Kinder lassen bestimmt die Käfigtüre offen, und unsere Kater machen Hami schnellstens den Garaus.
Ich rufe deshalb sofort meinen Versicherungsagenten an.
»Zahlt meine Haftpflicht, wenn unsere Kater den Hamster aus dem Nachbarhaus fressen?«
»Haben sie das?«, fragt mein Versicherer.
»Noch nicht. Aber es ist nur eine Frage von Tagen.«
Er überlegt eine Weile, dann meint er, ja, die Haftpflicht würde zahlen, gibt aber zu bedenken: »Ein Hamster wird kaum älter als zwei Jahre. Er ist also nach einem Jahr schon auf Null abgeschrieben.«
»Aha. Vielleicht ist er noch nicht einjährig«, sage ich.
»Klär das mal ab. Zudem ist das so eine Sache mit Katzen.«
»Warum?«
»Katzen sind versicherungstechnisch kompliziert«, sagt er.
»Aha. Versicherungstechnisch wäre es wohl einfacher, wenn Hami von einer Tür eingequetscht statt gefressen würde.«
Mein Versicherungsberater bejaht und ergänzt: »Aber so ein Hamster kostet ja nicht alle Welt.«
Das nicht. Aber gutnachbarliche Beziehungen schon!

ঔ tierversuche ও

Mit Charme und Schnauze

SIE Schon bald werden wir den Hund von guten Freunden hüten, die nach Australien reisen. Mein Plan, Haustiere erst mal auszuleihen, statt gleich anzuschaffen, entwickelt sich also prächtig. So werden Träume wahr, ohne wirklich erfüllt zu werden. Da ein Hund auf der Wunschliste unserer Kinder direkt vor einem Pferd steht, sind wir unserem Ziel schon recht nahe. Ein Temporär-Pferd – wie bei *Pippi Langstrumpf* – wäre natürlich ein Knüller, und die Veranda dazu haben wir auch.
Nur Schneider ist noch nicht so weit. Egal.
Unser zukünftiger Ferienhund ist halb so groß wie ein Pony, da kann er sich schon mal ein wenig dran gewöhnen. Labradoodle heißt die Rasse und so sieht sie auch aus: ein schwarzes Fellknäuel ohne Anfang und Ende, aus dem zwei freundliche Knopfaugen hervorschauen. Der Rest ist reine Lebensfreude: Mojas Hinterteil wackelt ununterbrochen, sie freut sich über alles und jeden. Sogar über mich – dabei habe ich grundsätzlich Angst vor Hunden. Die Zeit mit Moja wird für mich also therapeutisch sehr wertvoll sein.
So weit ist alles perfekt. Jetzt habe ich nur noch ein Problem: Schneider weiß noch nichts von unserem Gast mit Charme und Schnauze. ✎

❧ tierversuche ☙

ER Schreiber hat aus unserer Dorfbibliothek eine DVD mitgebracht: *Marley & Me,* eine Komödie mit Jennifer Aniston. Diese Schauspielerin gefällt mir ganz gut – normalerweise. »Was ist denn mit ihrem Gesicht los?«, frage ich nach fünf Filmminuten. »Botox«, erklärt Schreiber, »ein Nervengift. Lähmt die Muskeln, glättet Falten.« Deshalb also diese starre Mimik! Die spinnt, die Aniston! Der Film begeistert mich nicht gerade und erinnert mich an den Hund von Freunden. Der Labrador Marley zerlegt den ganzen Hausrat, schluckt Halsketten, zerbeißt Federbetten, jagt Briefträger, springt in Schwimmbäder und frisst Telefonbeantworter. Ich finde das ebenso unoriginell wie Anistons erstarrte Mimik.
Schreiber hingegen amüsiert sich und kichert.
»Bin ich froh, haben wir keinen solchen Hund, sondern Katzen«, sage ich. »Weder rennen sie einen über den Haufen, noch graben sie Gärten um oder schlabbern einem das Gesicht ab.«
»Du bist voller Vorurteile!«, antwortet Schreiber zu meiner Überraschung. »Du solltest deinen Horizont erweitern, weißt du? Und zufälligerweise hast du bald Gelegenheit dazu: Moja kommt zu uns in die Ferien.«
Ich erstarre und beschließe: Die spinnt!
Und diesmal meine ich nicht die Aniston! ✂

☙ tierversuche ☙

Sitz! Platz! Aus!

SIE In unserer Küche hängt die Bedienungsanleitung mit Befehlen für unseren Ferienhund Moja. Einfaches wie »Sitz!«, »Platz!«, »Aus!«; Finessen wie »Front!«, »Halt!«, »Bleib!«. Folgt der Hund den Anweisungen, sollen wir ihn mit Streicheleinheiten oder Hundekeksen belohnen.

Moja steht vor mir, ich sage: »Sitz!« Sie legt sich hin. Also sage ich schnell noch »Platz!« hinterher. Schließlich muss sie meinen Befehlen gehorchen und nicht ihrer Lust. So ist das eben mit einem Hund.

Die Kinder üben ebenfalls mit ihr und verteilen fleißig Hundeguetzli, was gut ankommt. Denn Moja macht nun dauernd »Sitz!«, auch wenn die Kinder nichts sagen.

Als Schneider nach Hause kommt, galoppiert Moja auf ihn zu, springt ihn an und wedelt mit dem Schwanz die Blumenvase im Gang um. Schneider – ganz der versierte Hundebesitzer – ruft forsch: »Sitz!« Der Hund springt an ihm hoch. Schneider brüllt nun: »SITZ!!!«, was den Hund nicht stört, aber die Kinder empört: Er solle nicht so streng sein, Moja sei zu Gast, und Gäste beschimpfe man nicht!

Stimmt, finde ich, und sage freundlich: »Platz!« Worauf sich Moja tatsächlich auf den Boden legt. Allerdings auf den Rücken.

Ob Schneider kapiert, dass er sie nun streicheln muss? ✒

❧ tierversuche ☙

ER Ich mag Hunde. Wir hatten zu Hause einen Collie (Lassie), einen Dobermann (Axel), eine Dackelmischung (Kiwa) und einen Mops (Baika). Loriots legendäre Aussage »Ein Leben ohne Mops ist möglich, aber sinnlos« teile ich jedoch nicht. Hunde sind interessant, aber lieben tu ich Katzen. Dennoch sind wir nun Hundebesitzer, glücklicherweise nur auf Zeit. Das heißt: Schreiber ist es. Sie hat dieses Ferienhund-Engagement gegen meinen Willen eingefädelt. Soll sie schauen, wie sie zurechtkommt! Ich halte mich da raus.
So weit das geht.
Doch ich fürchte, das geht nicht.
Als ich zur Haustüre eintrete, erhebt sich vom Küchenboden etwas Großes, Schwarzes. Das wuschelige Knäuel kommt in Fahrt, rutscht auf dem Holzboden aus, legt trotzdem an Tempo zu. Flucht ist unmöglich, Moja hat mich im Visier.
Natürlich weiß ich, wie Mensch und Hund miteinander funktionieren: Der Mensch ist der Chef. Wenigstens dachte ich das. Auf mein forsches »Sitz!« reagieren aber bloß die Kinder, und zwar lautstark, während der Hund meinen Befehl ignoriert.
Und ich mache eine unangenehme Erfahrung: Ich bin hier nicht der Chef, sondern der Depp. ✂

ᛦ tierversuche ᛤ

Müllhäufchen

SIE Hundetage beginnen anders: Statt in Ruhe zu duschen und zu frühstücken, hechte ich vom Pyjama in meine Wanderhose und marschiere mit Moja durchs Gebüsch, während der Rest der Familie noch in den Federn liegt.
Die Tage enden auch anders: Statt im Schlabberlook gemütlich auf dem Sofa zu fläzen, schlüpfe ich bei Regen und Nebel in meine Jacke, lege dem Hund seinen Leuchtstreifen an und ziehe im Dunkeln um die Häuser. Allein. Also ich und der Hund.
Moja macht's Spaß. Sie zerbeißt leere Pet-Flaschen, die sie mir stolz vor die Füße legt. Unglaublich, wie viel Abfall herumliegt. Unsere Spaziergänge sind regelrechte Putzaktionen, denn es gibt zudem Herrchen und Frauchen, denen es wurst ist, wenn die Wurst ihres Wauwaus liegen bleibt. Ich robidogge also auch andere Haufen, weil ich nicht will, dass meine Kinder in Hundekacke treten.
Nach meinem Abendaufräumausflug entsorge ich zu Hause den Abfall, während mir Schneider ein ironisches Lächeln schenkt und behauptet, die frische Luft würde mir guttun.
Die würde ihm auch guttun, finde ich und frage mich, wann er mal von sich aus mit dem Hund Gassi geht. Aber vermutlich hat er einfach keine Lust, Müllmann zu spielen.

☙ tierversuche ☞

ER »Hast du jetzt einen Hund?«, fragt ein Bekannter, den ich zufällig bei meinem ersten Abendspaziergang mit Moja antreffe.
»Nein, das ist unser Ferienhund. Ich wollte ihn gar nicht, aber eigentlich tut's ganz gut, nachts noch mal rauszugehen.«
»Jaja, ich weiß«, sagt er, »hatte auch mal einen Hund. Ist leider gestorben. Will mir aber wieder einen anschaffen. Man ist einfach mehr im Freien. Übrigens macht dein Hund grad in die Wiese.«
Ich schaue hin, und am Ende der Acht-Meter-Leine hockt Moja etwas verkrampft im Gras und erleichtert sich.
Ich greife in die Tasche. Mist! Kein Robidog-Säcklein, hab nicht daran gedacht.
Mein Bekannter schaut mich geduldig an.
Ich räuspere mich verlegen: »Weißt du, wo der nächste Robidog steht?«
Als alter Hundebesitzer kennt er sich aus, wir spazieren um die Ecke, ich reiße eine braune Tüte ab, marschiere zurück auf die Wiese – finde in der Dunkelheit aber keinen Haufen. Dennoch bücke ich mich – mein Bekannter beobachtet mich womöglich noch.
Nach einer Weile ziehe ich ab und lasse Mojas Wurst irgendwo im Gras. Halb so schlimm, tröste ich mich, morgen dreht Schreiber die Runde und wird bestimmt fündig. Sie hat dafür einfach den besseren Riecher. ✄

❧ tierversuche ☙

Zweite Wahl

ER Wir spazieren mit unserem Leihhund durch den Wald. Das sieht so aus: zuvorderst Moja, acht Meter dahinter – so lange ist die Leine – abwechslungsweise Schreiber oder ich, mit gestrecktem Arm und seitlich verkrampfter Körperhaltung, denn das Tier zieht. Dann folgen unsere Töchter, und den Schluss bildet mit Sicherheitsabstand unser Kater Momo. Das ist in Ordnung, denn solange er mit uns spaziert, macht er zu Hause weder auf unser Bett noch zerkratzt er unseren Sessel oder pinkelt auf die Sofadecke (wie gestern und vorgestern). Sein Bruder Caramello sitzt derweil daheim vor der Haustüre und faucht alles an, was entfernt nach Hund ausschaut.

Die Protestkundgebungen unserer Kater beeindrucken mich: Seit Moja bei uns ist, nutzen sie jede Sekunde für die Verteidigung ihres Reviers, was ich unterstütze, auch wenn ich auf die Sauerei, die sie dabei veranstalten, verzichten könnte.

Aber daran hat Schreiber eben nicht gedacht, als sie zusagte, einen Hund in die Ferien zu nehmen. So erleiden unsere zwei Kater nun seelische Pein und müssen sich damit abfinden: Sie sind nur noch zweite Wahl!

Ich kann ihnen das gut nachfühlen! ✄

༃ tierversuche ༄

SIE »Buss, buss, buss!«
Schneider verdreht die Augen.
»Buss, buss! Momoooo!«
»Jetzt beruhige dich, der taucht schon wieder auf«, sagt Schneider säuerlich und stapft durchs Geäst.
Ach, und was, wenn nicht? Was, wenn er hier im Niemandsland verloren geht, verkümmert, verhungert? Besorgt sende ich meinen Lockruf erneut in den Wald hinein.
Zurück schreit unsere Kleine, der ich Moja anvertraut habe, weil ich ja den Kater suchen muss. Ich renne zu ihr hin: Die Ausziehleine hat sich um ihr Handgelenk geschlungen und eine blutrote Spur in die Haut gebrannt.
Da Moja nun aus unerfindlichen Gründen heftig zu bellen beginnt, während ich meiner Tochter »Heile, heile Segen« vorsinge, ist die Romantik eines netten Familienspazierganges im Wald vollends dahin.
Umso mehr, als Schneider plötzlich vor mir steht und sagt: »Ich gehe!«
Ich weiß, dass er das nicht endgültig meint und frage: »Wohin?«
»In den Widerstand! Du wolltest den Hund, jetzt hast du ihn. Ich schließe mich unseren Katern an! Freiheit für Momo, Caramello – und mich!«
Freiheit?
Wenn einer hier frei ist, dann er, denke ich – und klebe Pflaster auf, während ich mit dem Fuß die Hundeleine fixiere und »buss, buss, buss!« rufe.

༄ tierversuche ༅

Hundelos

ER Die Kinder sind im Bett, ich liege müde auf dem Sofa, bin total geschafft. Meine Hand hängt über dem Polster – und keine Hundezähne nagen an ihr herum.
Moja ist wieder zurück bei ihrer Familie.
»Weißt du noch, wie sie die Schoggigipfeli vom Frühstückstisch in weniger als zwei Sekunden verputzt hat?«, sage ich zu Schreiber. Sie lächelt.
»Und als sie im Kurpark an der Japanerin hochgesprungen ist? Mann, das war peinlich!« Schreiber nickt. »Und niemand heult mehr, wenn die Kirchenglocken läuten.«
Schreiber fragt: »Ist Idas T-Shirt eigentlich schon wieder aufgetaucht?«
Ich schüttle den Kopf. Unser Atlas hat sei Mojas Besuch einen angeknabberten Buchdeckel, die Filzdecke ein Loch.
»Ich hoffe, du nimmst es mir nicht mehr übel, dass Moja bei uns in den Ferien war«, fährt sie fort.
Ich schüttle erneut den Kopf. »Begeistert war ich am Anfang nicht. Aber man gewöhnt sich halt an so ein Tier«, sage ich, denke an die langen Spaziergänge, das wilde Herumtoben. Ich frage mich, ob ich Schreiber erzählen soll, dass ich mir einen Haushund irgendwie eigentlich schon vorstellen könnte, als sie auf einmal sagt: »Nun wissen wir immerhin, dass wir wirklich keinen Hund wollen.« ✂

SIE Moja, unser Ferienhund, ist weg. Wir sitzen daheim im Wohnzimmer, niemand wedelt, niemand hechelt. Ich kann meine Handtasche herumliegen lassen, Essen auf dem Tisch stehen lassen, muss keine Kater in Sicherheit bringen und nicht spätabends aus dem Haus.
Wie seltsam still es ist.
Niemand freut sich grundlos über meine Anwesenheit.
Auf der anderen Seite: Ich habe wieder Zeit. Mehr Zeit für alles. Ich kann wieder einfach so mit Freundinnen abmachen, essen gehen, ganz spontan ins Kino zwitschern, was ich eigentlich nie tue, aber ich könnte, wenn ich wollte. Darauf kommt es an.
Ich fühle mich wie eine Mutter, deren Kinder nun groß sind. Frei – und ein bisschen einsam.
Schneider und ich plaudern über die kleinen Katastrophen der letzten Woche und lachen. Ich sage zu Schneider: »War schon ziemlich turbulent mit ihr, gell?«
Er schaut mich freundlich an. Wie schön, er macht mir keine Vorwürfe mehr, denn jetzt lächelt er sogar. Klar, für ihn war die ganze Aktion völlig unnötig, er hat mir jeden Tag zu verstehen gegeben, dass Katzen viel einfacher seien und Hunde viel zu anstrengend. Nun, jetzt ist ja alles wieder beim Alten, ich seufze zufrieden, da sagt Schneider: »Einfach etwas kleiner müsste er sein.«

»Es gehört viel Erfahrung dazu, wie eine Anfängerin zu küssen.«

Zsa Zsa Gabor

bettgeschichten

☯ bettgeschichten ☮

Sag nicht, dass ich säge!

ER Ich liege im Bett, meine Nase ist dicht. Ich nehme den Schnupfen stoisch an.
Normalerweise dauert er nur einen Tag, aber jetzt bin ich schon die dritte Nacht angeschlagen. Schreiber befindet sich in ähnlich jammervollem Zustand, allein, sie ist es gewohnt, im Winter wochenlang mit triefender Nase zu leben.
So liegen wir beide im Bett, ich im Pyjama, sie mit Schal, Wollsocken, Schlafanzug, also ihrer gewohnten Januar-Montur für die Nacht. Ich atme durch den Mund, merke, wie sich mein Bewusstsein immer mehr verschleiert. Es ist ein Schweben zwischen den Welten, es fühlt sich behaglich an, trotz des Kattarhs – da dringt von weit weg eine Stimme heran. Kurz darauf werde ich sanft gestupst. Ich horche hin und vernehme:
»Du schnarchst.«
Ich schnarche? Unmöglich! Und gewiss kein Grund, um in die Welt des Bewusstseins zurückzukehren. Schwebend zwischen Traum und Wirklichkeit drehe ich mich auf die andere Seite. Während ein Teil von mir schläft, hört der andere Teil zu. Und der hört rein gar nichts.
Ich und schnarchen?
Schreiber träumt schon.
Und ich gleich auch. ✂

SIE Mit einem Mann zu diskutieren, der im Tiefschlaf behauptet, er würde hören, wenn er schnarche, ist in etwa so sinnlos, wie einem Sehenden die Augen zu öffnen. Er sagt matt: »Ich schnarche nicht.« Dann ist Ruhe. Kurz. Jetzt. Schon wieder! Mein Liebster zieht alle akustischen Register seines Rachenraums!
So geht das nicht.
Ich beschließe, das Gästebett zu beehren.
Doch dieses ist bereits besetzt: zwei Jacken, Schneiders Laptop, ein Stativ, eine Tasche mit seinen Sportkleidern und Gesangsnoten … Ich schiebe den Krempel runter, ziehe die Tagesdecke zur Seite, doch Decke und Kissen liegen hellbeige da, also unbezogen. Mist, hab ich vergessen. Soll ich jetzt, kurz vor Mitternacht, auch noch Betten beziehen?
Der Ärger wirkt. Ich bin hellwach. Aus dem oberen Stock sägt es zufrieden. Was mache ich mit der angebrochenen Nacht?
Ich schleiche ins Kinderzimmer, borge mir den alten Kassettenrecorder aus, tripple an Schneiders Bettseite. So finde ich zwar keinen Schlaf, aber Beweismaterial: eine Live-Aufnahme mit Schneider unplugged.
Das Band läuft.
Und läuft. Und läuft.
Und Schneider, dieser Schuft, gibt keinen Schnarcher von sich!

❧ bettgeschichten ☙

Ein Bett ist ein Bett

ER Freunde von uns haben sich ein Haus gekauft. Stolz führt uns der Hausherr, ein Junggesellenfreund aus alten Tagen, durch die Zimmer: kanadischer Ahorn-Klötzchenparkett, ein Tisch aus Kirschholz, große Fenster, funktionale Küche. Alles modern.
Zum Schluss zeigt er uns das Schlafzimmer.
Ich bin erleichtert. Dort steht sein altes Doppelbett, das er mindestens seit fünfzehn Jahren, so lange kenne ich ihn schon, mit sich herumschleppt. Das Ding ist nicht schön, aber es hat Charakter.
So wie mein dreizehnjähriges Bett, das in unserem Schlafzimmer steht.
Doch Schreiber will unbedingt ein neues. Seit einigen Wochen liegt sie mir ständig in den Ohren, überhört meine Argumente, meine Emotionen, meinen Sparwillen.
Ein Bett ist ein Bett, wir schlafen gut darin, und aus welchem Grund sollten wir für ein paar Tausend Franken ein Designerbett kaufen? Schließlich schauen wir es nicht den ganzen Tag an, wir schlafen bloß drin.
Da erklärt mein Freund begeistert: »Das alte Bett kommt weg! Wir haben ein neues bestellt. Ulme. Feinste Schreinerarbeit. Mit Rückenlehne. Fantastisch!«
Schreibers Gesicht hellt sich auf. »Darf man wissen, was es kostet?«
Er lächelt: »Es ruiniert uns. Aber was soll's, es ist für die Ewigkeit, und ein gutes, schönes Bett kostet nun mal.«
»Also, wie viel genau?« fragt sie hinterher.
Er flüstert: »Siebentausendneunhundert.«
Und das bringt ihn nicht um den Schlaf? ✂

ℬ bettgeschichten ℭ

SIE Wir sind auf dem Heimweg.
»Siehst du? Andere leisten sich neue Betten. Denen liegt was an der geschmackvollen Nachtruhe«, sage ich vorwurfsvoll.
Schneider blickt starr auf die Straße vor sich. So hat er sich den Besuch nicht vorgestellt.
Ich hingegen bin angetan: »Angenommen, wir schlafen die nächsten vierzig Jahre in einem Viertausend-Franken-Bett, dann macht das knapp fünfzig Rappen pro Nacht. Für beide zusammen. Sonst fünfundzwanzig Rappen pro Nase.«
»Seit wann kannst du Kopfrechnen?«, knurrt er.
Kann ich nicht, das hat mir ein Verkäufer vorgerechnet, als ich in einem Möbelhaus Betten angeschaut habe. »Im Bett verbringen wir einen Drittel unseres Lebens. Im Auto nur einen Bruchteil davon. Da ist es doch sinnvoll, in ein Bett zu investieren?«
»Auto fahren ist gefährlicher als schlafen.«
»Ich bin mir nicht sicher, ob dein altes Bett mal zusammenkracht, mein Lieber. Wir sollten diesbezüglich doch auch etwas mehr auf Sicherheit achten, findest du nicht?«
Schneider schweigt. Vielleicht denkt er nach. Vielleicht ist er eingeschnappt. «Wie breit soll es sein?», fragt er auf einmal. «Zwei Meter? Und wie lange ist die Lieferfrist beim Schreiner? Sieben Wochen? Das schaffe ich schneller und günstiger.»
Seine Selbstüberschätzung bringt mich auf eine Idee: «Sieben Wochen? In Ordnung. Und wenn du es nicht schaffst, dann kaufen wir ein neues.»
Ich blicke aus dem Fenster und freue mich. Schneider, der handwerklich extrem unbegabt ist, wird schlaflose Nächte vor sich haben, während ich schon mal selig von meinem Designerbett träumen kann. ✒

☙ bettgeschichten ☙

Gegen Nachwuchs natürlich!

ER Das Telefon dudelt. Schreiber nimmt ab. »Ja, hallo, wie schön, dass du anrufst! Ich wünsche euch auch ein gutes neues Jahr!«, sagt sie. Ich lausche drei Sätze lang, errate, wer dran ist, dann klebe ich weiter die Bilder der letzten Sommerferien ins Fotoalbum. Umbrien, Friaul, Veneto. Ich versinke in Gedanken, als ich das Bild eines italienischen Städtchens sehe, da höre ich Schreiber auf einmal sagen: »Pariser, oh je!«
»Paris? Wir waren in Genua«, sage ich.
Schreiber hält die Hand kurz auf den Hörer und zischt: »Pariser!«
Pariser?! Ach.
Wie kann sie so unbefangen am Telefon über Pariser reden? Warum landen Frauen aus dem Nichts bei solch intimen Themen? Was interessiert sie daran?
»… es gibt ja auch genoppte.«
WIE BITTE?
Ich höre wohl falsch! Sie kichert.
Da fällt mir mein erstes und durchaus traumatisierendes Pariser-Erlebnis ein: Ich fuhr mit dem Töffli drei Dörfer weit in die Drogerie. Als ich an die Reihe kam, flüsterte ich verlegen meinen Wunsch. Der Drogist, offenbar des Lippenlesens mächtig, nickte und fragte mit donnerndem Bass: »Blauband, Grünband, Gold?« – »Blau«, stammelte ich, und alle starrten mich an. Es kam noch arger: »Sag mal, du bist doch ein Sohn vom Schneider Bruno aus Würenlingen! Bist ihm aus dem Gesicht geschnitten! Sag ihm einen Gruß, war mit ihm in der Schule.« Ich habe diese Drogerie nie mehr betreten. Mein belastetes Verhältnis zu Verhütungsmitteln ist geblieben.
Schreiber lacht in den Hörer: »… keine Ahnung, ich weiß nicht, was sein Problem ist. Immer muss *ich* die kaufen.« ✂

SIE Schneider blickt irritiert zu mir, seine Fotoschachtel fällt auf den Boden, er schimpft: »Sag mal, hab ich richtig gehört? Ihr habt über Verhütung gesprochen?«
»Ja.«
»Darf ich fragen warum?«
»Ja, klar.«
Schneider sammelt die Fotos auf, schüttelt den Kopf. Soll er ruhig ein bisschen zappeln, wenn er schon mithört.
»Also, warum?«
»Weil ich wissen wollte, wie sie verhüten.«
»Wozu?«
»Wozu? Gegen Nachwuchs natürlich.«
Er sortiert die Fotos neu, dann meldet er sich zurück: »Ich meine, wozu fragst du das? Jeder verhütet, wie er will.«
»Ja, genau.«
Pause.
Es scheint ihn zu beschäftigen: »Und? Wie verhüten sie?«
»Na, du hast doch zugehört, oder etwa nicht?«
»Schon. Ich kann ja nicht einfach weghören, wenn du so laut telefonierst.«
Kann er nicht? Seltsam. »Wenn ich dich zum Essen rufe, dann kannst du extrem gut weghören«, sage ich.
»Das ist ja wohl nicht das Gleiche, oder? Und wieso hast du ihnen überhaupt erzählt, wie wir verhüten?«
»Hast du etwa ein Problem damit?«
»Ich finde es ziemlich peinlich, wenn du mit ihr über unsere Verhütungsmethoden plauderst.«
»Da mach dir mal keine Sorgen! Nicht sie war dran, sondern er.« ✑

◊ bettgeschichten ◊

Na?

ER Draußen ist es dunkel. Schreiber ist müde, liegt im Bett und liest. Auch ich bin müde, aber da ist noch was …
»Liebste?«
»Hm?«
»Na?«
Sie legt ihr Wohnmobilheft weg und schaut mich an: »Was ›na‹?«
Na, was wohl, denke ich und sage: »Statt lesen könnten wir doch … Zum Beispiel könntest du mich jetzt einfach verführen.«
»Wieso ich?«, fragt Schreiber.
»Wieso nicht? Du könntest das doch auch mal machen.«
»Was soll denn das heißen?«
»Was ich gesagt habe: Verführ mich!«
»Geht's bitte noch etwas unromantischer?«
»Ich finde es auch unromantisch, dass es immer die Männer sind, die verführen müssen.«
»Was soll denn das jetzt: ›Immer müssen die Männer‹? So ein Quatsch!«
»In Ordnung: Immer muss *ich* dich verführen.«
Schreiber schnauft und sagt: »Erstens stimmt das nicht. Zweitens bin ich müde. Und diese seltsame Diskussion macht mich nicht munterer.«
Das merke ich. Meine Strategie ist geradezu ein verbales Verhütungsmittel. Ich sollte mich entschuldigen.
»Du?«
»Nicht schon wieder!«
»Nicht schon wieder?«, wiederhole ich und muss nun klarstellen: »Darf ich dich daran erinnern, dass bisher noch gar nichts war?« ✄

bettgeschichten

SIE Schneider liegt wie eine lauwarme Kartoffel im Bett und erwartet, dass ich ihn heiß mache.
»Hör mal«, sage ich, »bevor *du* irgendwelche Ansprüche stellst, fangen wir mal bei *mir* an. Ich brauche dringend eine Rückenmassage. Ich bin so verspannt.«
Schneider gibt nicht auf: »Ich weiß, aber so ein bisschen Ablenkung wäre doch gut. Dann kommst du auf ganz andere Ideen, vergisst die Verspannungen, und, na ja, du bewegst dich. Das ist gesund.«
»Ich will keine Bewegung, sondern meine Ruhe.«
Schneider macht eine längere Pause. Dann sagt er: »Da mag ich ausnahmsweise mal nicht der Aktive sein, und prompt drehst du wieder alles um.«
Dass ich nicht lache! Ausnahmsweise?! Mein großer Verführer!
Wie mich das nervt, dieses Ich-ungeliebter-Mann-Gestöhne! Dabei hatte ich mich auf einen gemütlichen Abend mit Heft im Bett gefreut!
Nach einer Weile lösche ich das Licht und frage: »Schläfst du?«
»Nein!«, sagt Schneider und mosert: »Hättest du dich nicht die längste Zeit geziert, könnten wir beide schon total befriedigt schlafen.«
Also, das könnte ich auch einfach so.

❦ bettgeschichten ❧

Überraschung im Schlafzimmer

SIE Seit sieben Wochen trödelt mein Liebster herum, und sein Uralt-Bett wird dadurch nicht schöner. Vertröstet mich mit Bleistiftskizzen von einem selbstgebauten Holzbett und sammelt heimlich Adressen von Schreinern. So viel also zu seinem Versprechen, ein Bett in sieben Wochen zu bauen.
Ich nutze einen freien Morgen und schlendere durch Möbelgeschäfte. Und siehe da, in einem schicken Designladen steht ein Ausstellungsmodell, das sogar gemütlich zu sein scheint. Ich lege mich drauf, wippe, drehe mich, herrlich! Die Verkäuferin raunt mir einen Spezialpreis zu. Sehr spezial muss ich sagen, denn vierzig Prozent Rabatt machen das Bett zum Schnäppchen.
Ich zögere. Kann ich ein so wesentliches Möbelstück alleine kaufen? So viel Geld ausgeben ohne Rücksprache?
Warum nicht?
Wenn man immer auf andere wartet, kommt man schließlich nicht vom Fleck. Und überhaupt: Schneider hat seine großspurige Ankündigung, wie ich erwartet hatte, nicht wahr gemacht. Jetzt ist der Weg frei, um in unsere gemeinsame Zukunft zu investieren, schließlich ist das die Wiege unserer Liebe.
Und die ist mir durchaus einen rechten Batzen wert. ✍

☙ bettgeschichten ☙

ER Ich schließe die Wohnungstür und tripple auf Zehenspitzen Richtung Schlafzimmer. Schreiber soll nicht aufwachen, bloß weil ich spät vom Ausgang zurückkehre. Ein völlig überraschender Abend! Am Nachmittag hat ein Kumpel angerufen und gefragt, ob wir ganz spontan essen gehen sollen. Ganz spontan liegt mit Familie nicht immer drin, und so rief ich Schreiber an, die, ebenso spontan, meinte: »Natürlich, das tut dir bestimmt gut!«
Was habe ich für tolle Freunde, was habe ich für eine tolle Frau!
Plötzlich geht das Licht an!
Ich sehe ein Bett! Ein Riesenbett!
Schreiber setzt sich auf, trällert eine Fanfare – »Tatatataaa!« – und sprudelt: »Am Morgen haben die Leute vom Brockenhaus dein altes Bett abtransportiert, das neue kam aber nicht, obwohl ich alles perfekt geplant hatte. Ich hab in dem Designladen angerufen und denen die Hölle heiß gemacht. Kennst mich ja! Wir können doch unmöglich auf dem Boden schlafen, sie sollen sich sputen. Außerdem handle es sich um eine Überraschung! Der Verkäufer war total freundlich und versprach, es am Abend zu liefern. Und deshalb bat ich deinen Freund, mit dir essen zu gehen, damit du weg bist, wenn das Bett kommt.«
Sie strahlt.
Das Bett ist beige und sehr neu.
Mein altes hatte Geschichte und Charakter.
Dann streckt sie die Arme nach mir aus: »Ist das nicht eine wundervolle Überraschung von mir?«
Was habe ich für eine Frau?
Was habe ich für Freunde?
Und was haben eigentlich alle gegen mein Bett? ✂

☙ bettgeschichten ☜

Erinnerungen

ER Ich weiß nicht, was ich davon halten soll. Schreiber verschachert mein Bett aus Junggesellentagen an ein Brockenhaus und kauft hinter meinem Rücken ein sauteures Designbett.
Was soll das? Wir verdienen unser Geld nicht im Schlaf.
Mein Bett war völlig in Ordnung, und mit der Geschichte vom selbst geschreinerten Bett wollte ich vor allem Zeit gewinnen für schlagende Argumente, die sechstausendfünfhundert Franken günstiger gewesen wären.
»Wo ist die Bettenabteilung?«, frage ich die Frau vom Brockenhaus. Sie erklärt mir den Weg, und ich gehe Gestelle voller Zinnkrüge, Plastikwannen, Strohkörbe entlang. Dann stapelt sich Werkzeug: Schraubzwingen, Fuchsschwanz, Handbohrer. Alles, was es braucht, um ein Bett zu bauen. Schließlich sehe ich die Bettgestelle. Es sind gleich mehrere davon senkrecht aufgestellt und an die Wand gelehnt. Ich gehe die Preisetiketten durch. Fünfundvierzig Franken. Fünfzig Franken. Fünfunddreißig Franken. Dann sehe ich mein Bett: fünfundneunzig Franken!
Wusste ich doch, dass es ein Spitzenbett ist!
Ich denke einen Augenblick daran, das Bett zurückzukaufen, was dem Familienfrieden freilich nicht zuträglich wäre. Stattdessen zücke ich unsere Fotokamera und mache ein Erinnerungsbild von uns beiden: von meinem Bett und mir. ✄

❧ bettgeschichten ☙

SIE Ich schlafe herrlich in unserem neuen Bett! Die Matratzen mit flexiblen Stützgelenken und einer hochelastischen Schulterkomfortzone sind wie gemacht für Menschen mit Rückenproblemen. Also perfekt für Schneider und mich. Kein Vergleich zu dem Teil von früher: Schneiders alte Matratze hing wie eine labbrige Brotscheibe über dem bocksteifen Lattenrost.
So weit so gut, bloß macht mein Liebster Probleme: legt sich hin, ächzt. Dreht sich nach links, ächzt und seufzt. Dreht sich nach rechts, ächzt, seufzt und stöhnt. Dann stemmt er sich hoch und schimpft: »Mir surren die Beine und mein Kopf glüht. In diesem Bett kann ich unmöglich schlafen. Ich gehe ins Arbeitszimmer.«
Nun räkle ich mich also seit Tagen alleine auf unserer ein Meter achtzig breiten Luxusliege, während er sich ins Gästebett verzieht.
Ich bin etwas beunruhigt und frage mich, ob Schneider simuliert, um mir ein schlechtes Gewissen zu machen.
Oder hatte er womöglich wirklich eine so starke emotionale Bindung zu seinem Eisenbett aus dem letzten Jahrhundert? Romantische Erinnerungen an Verflossene? An wilde Nächte mit heißen Bienen?
Dann war es wirklich höchste Zeit, ihn von diesen Altlasten zu befreien. ✑

☙ bettgeschichten ☙

Die Rückenmassage

ER Der Ort, an dem man die meiste Zeit gemeinsam verbringt, ist das Bett. Gleichzeitig gibt es keinen anderen Ort, an dem man so viele Gelegenheiten verschläft.
Es war ein anstrengender Tag. Wir haben etwas verdient. Ich frage Schreiber, die neben mir im Bett liegt, freundlich: »Möchtest du eine Rückenmassage?«
Hoppla! War mein Ton etwas zu freundlich? Habe ich mich verdächtig gemacht? Denn sie fragt sofort zurück: »Eine Rückenmassage? Soso! Mit oder ohne Hintergedanken?«
Hm, grundsätzlich ohne Hintergedanken. Aber man weiß ja nie, wohin sich die Dinge entwickeln. Möglicherweise würde sie es ja begrüßen, wenn ich Hintergedanken hätte. Ich forsche deshalb in ihrem Gesicht nach Zeichen, die mir ihre momentane Einstellung gegenüber Hintergedanken verraten.
Doch Schreiber verzieht keine Miene.
Weil ich weiß, dass meine Chancen grundsätzlich steigen, wenn ich mich möglichst gleichgültig gebe, sage ich also: »Eigentlich habe ich für einmal keine Hintergedanken.«
»Eigentlich?«, fragt Schreiber.
»Ja!«, antworte ich entschieden und fahre entrüstet fort: »Warum glauben Frauen eigentlich immer, Männer wollten nur das eine?«
Schreiber blickt spöttisch und sagt: »Na gut. Dann beweise mir, dass du diesmal *nur* das andere willst!« ✂

SIE Ich kenne doch meinen Schneider: Es wäre wirklich erstaunlich, wenn er eine Massage ohne andere Absichten schaffen würde. Aber er soll die Chance bekommen: »Du willst mir also *nur* den Rücken massieren«, stelle ich klar. Schneider nickt und geht ins Bad, um Öl zu holen. Ich drehe mich auf den Bauch und höre ihn in der Schublade wühlen. Er kommt zurück: »So, los geht's, mach dich mal locker!«
Dann knetet er los.
»AUA! Nicht so feste!« Ich jaule auf.
»Oh, du bist ja wirklich total verspannt.«
»Bin ich nicht«, sage ich, »du bist einfach total grob!«
Schneider versucht es mit Gefühl und schiebt Haut über Fleisch, was ebenfalls saumäßig weh tut. »Könntest du ein bisschen weniger ziepen?«, frage ich.
»Ziepen? Was meinst du denn damit?« Er knetet weiter.
»Na, es ziept auf der Haut. Du kneifst irgendwie«, erkläre ich. Er schnaubt. Ich auch. Ich dachte bei einer Massage eher an Entspannung als an diese Kraftmeierei.
Endlich, endlich nimmt er Druck weg und fragt: »Geht's jetzt besser?«
»Eigentlich schon«, antworte ich, und ergänze: »Deine anatomischen Kenntnisse sind aber nicht besonders gut.«
»Findest du?«
»Ja. Oder würdest du etwa behaupten, dass dort, wo deine Hände gerade sind, noch immer mein Rücken ist?«

☙ bettgeschichten ❧

Sex-Dilemma

ER Ich lese in der Zeitung von einer Studie, die Wissenschafter während fünf Jahren mit über tausend Frauen durchgeführt haben. Die Frage lautet: »Warum haben Sie Sex?«
Das Ergebnis der amerikanischen Studie ist nicht – Überraschung! –, dass Frauen keinen Sex wollen würden. Im Gegenteil: Frauen wollen, und sogar oft – Überraschung! – aus gleichen Gründen wie Männer. Sie gaben an:

1. Sex ist gut gegen Stress.
2. Nach dem Sex schläft man besser ein.
3. Sex kuriert Kopfweh.

Meine Rede! Endlich erkennt jemand den gesundheitsfördernden Faktor des Geschlechtslebens! Die Krankenkassen sollten deshalb zu vermehrtem Beischlaf aufrufen! Wer braucht dann noch Kopfschmerz-, Beruhigungs- und Schlafpillen?
Ich schiele über den Zeitungsrand zu Schreiber, die sich ein Brot dick mit Butter beschmiert. Soll ich ihr meine Lösung gegen steigende Prämien jetzt schon erläutern? Ich entscheide mich fürs Weiterlesen – und bin schlagartig desillusioniert, als ich das nächste Studienergebnis sehe: »Männer finden die meisten Frauen sexuell attraktiv. Bei Frauen ist das umgekehrt.«
Ach, so ist das: Frauen mögen Sex – nicht aber Männer.
Nun, dann steigen die Prämien eben weiter. ✂

SIE Sonntagmorgen. Die Kinder spielen oben im Zimmer, es läuft klassische Musik, wir lesen beide Zeitung. Ich leiste mir einige Marmeladenbrote und genieße es, nicht reden zu müssen.
»Wusstest du«, hebt Schneider plötzlich an, »dass der weibliche Sexualtrieb hauptsächlich von Persönlichkeit, Humor, Selbstvertrauen und Status beeinflusst wird?«
Das klingt nach einem richtigen Gespräch, ich kaue rasch fertig und sage: »Klar, oder glaubst du, dass es einer Frau reicht, wenn einer einfach ein Mann ist? Da gehört schon mehr dazu!«
Schneider nickt: »Laut dieser Studie, die ich eben lese, weiß ich jetzt jedenfalls, warum du Clive Owen so toll findest.«
»Woher willst du wissen, dass ich Clive Owen mag?«
»Weil du in unserer Dorfbibliothek sämtliche Filme ausleihst, in denen er mitspielt.«
»Steht das auch in der Zeitung?«
»Nein. Aber ich kann mir das zusammenreimen. Demnach magst du Clive Owen, weil er groß ist, gut aussieht und eine tiefe Stimme hat.«
Jetzt muss ich lachen: »Ach, und warum habe ich dann ausgerechnet dich genommen? Verrät das die Studie auch?«
Schneider nickt: »Frauen sind aus evolutionspsychologischen Gründen mit unattraktiven Männern zusammen, weil diese nicht abhauen.«

℘ bettgeschichten ℭ

Der Morgen danach

ER Ich liege ausgeschlafen im Bett, die Arme unter dem Kopf verschränkt und blicke an die Decke.
Was habe ich gut geschlafen!
Schon fast überirdisch gut!
Und nicht etwa, weil ich auf einer wirbelsäulenschonenden Matratze liegen würde – auf der liegt Schreiber in unserem Schlafzimmer –, nein, sondern weil ich in dieser Nacht in unserem Gästebett im Arbeitszimmer geschlafen habe, Schreibers Futon aus ihrer Single-Zeit. Das ist natürlich nicht ganz so gemütlich wie mein altes Bett, das vor geraumer Zeit mit List und Tücke aus unserem Haushalt entfernt wurde, aber einigermaßen in Ordnung.
Der Grund für eine total entspannte Nacht war viel mehr, dass ich alle Viere von mir strecken konnte, dass ich keine Rücksicht nehmen musste, mich so oft umdrehen konnte, wie es mir gefiel, dass ich das Kissen so lange zurechtklopfen durfte, bis es passte, und dass es mir offenstand, formlos zu gähnen und Wind abzulassen.
Wir hätten uns die kostspielige Bettsuche schenken können, denn besser als ein perfektes Bett sind – zwei getrennte Betten.
Bloß: Wie sage ich es ihr, damit sie mich richtig versteht?
Denn ich will mich ja keineswegs trennen.
Nur ab und zu besser schlafen. ✂

SIE »Hast du gut geschlafen?«, fragt Schneider.
Es ist Sonntagmorgen. Und ja, ich habe sehr gut geschlafen, außergewöhnlich gut, genau genommen so gut wie schon seit langer Zeit nicht mehr. Aber das sollte ich vielleicht nicht so sagen. Oder zumindest nicht mit dieser Deutlichkeit. Schneider könnte es persönlich nehmen.
Ich strecke mich. War das eine erholsame Nacht!
Der Grund: Schneider lag wieder mal im Gästebett, wo er so viele Schlafgeräusche von sich geben konnte, wie er wollte, und wo ich von keinem tiefen Seufzer oder kratzigen Schnarcher geweckt wurde. Ich bin nicht aufgewacht, weil er sich im Bett umdrehte, was sich anfühlt, als wälze sich ein Mammut auf dem Operationstisch. Ich habe nicht auf die Uhr geschaut, weil er zur Toilette musste. Nein. Ich habe einfach geschlafen. Ruhig und entspannt.
Mir wird klar: Ich erhole mich nachts besser, wenn ich alleine schlafe. Bloß: Ist Schneider reif für diesen Schritt? Womöglich denkt er, ich hätte was gegen seine Nähe.
Weiter komme ich in meinen Überlegungen nicht, denn er fragt erneut: »Hast du nun gut geschlafen oder nicht?« Mir scheint, in seiner Stimme schwinge Furcht mit. Ich will ihn nicht vor den Kopf stoßen, nicke nur, verdrehe die Realität ein klein wenig und murmle: »Nicht so schlecht.«

»Wie ein Mann sein
Auto fährt,
so möchte er sein.«

Anna Magnani

beziehungskiste

☙ beziehungskiste ☙

Blindes Vertrauen

SIE Zusammen Auto fahren ist beinahe so knifflig wie gemeinsam tanzen. Sitze ich am Steuer, verkündet Schneider, dass ich jetzt überholen könnte, den Blinker zu spät gesetzt habe, schneller fahren solle.
Sitzt er am Steuer, kriegt er's zurück. Vor allem, wenn es regnet: Die Tropfen klatschen aufs Auto, die Sicht wird immer schlechter. Irgendwann verliere ich die Geduld und sage: »Hast du bemerkt, dass es regnet? Und dass unser Auto Scheibenwischer hat? Der Hebel ist rechts vom Steuer!« Murrend schaltet er ihn ein – auf Intervall. Alle paar Minuten wird die Scheibe frei gewischt. Dazwischen herrscht Trübsicht.
»Kannst du nicht eine Stufe schneller stellen?«
»Nicht nötig. Ich sehe wunderbar!«, sagt er.
So? Wie kann er mehr sehen als ich? Noch dazu, wenn es nachts regnet und sich durch die Spiegelungen alles verdoppelt?
»Würdest du bitte den Scheibenwischer schneller stellen!«, fordere ich.
»Oder willst du die Wischblätter schonen?«
»Kein bisschen.«
Schaut der aus der gleichen Scheibe wie ich? Er blickt zu mir: »Entspann dich! Schließ die Augen, mach ein Schläfchen! Du kannst mir vertrauen.«
Schon – aber nicht blind! ✒

꧁ beziehungskiste ꧂

ER Schreiber fährt sicher Auto, besonnen und vorsichtig. Aber sie übertreibt: Klatscht ein Regentropfen auf die Scheibe, stellt sie sofort die Scheibenwischer auf Hochtouren. Kaum gerät der Verkehr auf der Autobahn ein klein wenig ins Stocken, drückt sie sofort den Warnblinker. Liegt ein Hauch von Nebel über dem Land, stellt sie prophylaktisch alle verfügbaren Nebelleuchten ein. Sitze zufällig ich bei einem dieser dramatischen Krisenfälle am Steuer, erwartet sie natürlich, dass ich mich genauso verhalte wie sie.
Aber ich bin ein Mann.
Und während sie am Steuer ständig Gefahren sieht, sehe ich, was wirklich da ist: die Straße.
Ein probates Mittel, um meine anstrengende Beifahrerin abzulenken, liegt im Handschuhfach: »Könntest du im Servicehandbuch nachsehen, wofür der da ist?« Ich deute auf einen Knopf mit Wellenlinien.
Schreiber kramt nach dem Buch und vertieft sich sofort ins Kapitel »Heizung und Lüftung«.
Ich kann derweil in aller Ruhe den Scheibenwischer runterfahren und mich endlich auf die Straße konzentrieren. Die Sicht ist nämlich alles andere als gut … ✂

☙ beziehungskiste ☙

Gerüstet für alle Lebenslagen

SIE Wir besprechen den Reiseplan: Abfahrt am späten Nachmittag, Abendessen in Bellinzona in der Raststätte mit Kinderspielplatz, Ankunft um Mitternacht bei Schneiders Tante im Friaul.

Mein Konzept: eine Tasche für die Reise mit Pyjama und Zahnbürsten, eine für die Kinder, eine für uns. Dann je eine für Schuhe, Badesachen, Büro und Spielzeug. Außerdem: eine Tüte mit Schokolade und Geschenken, eine mit Apotheke, Windeln und Necessaire.

Total: neun Gepäckstücke! Schneider sieht zum Glück nicht, was ich alles dabeihabe und eigenhändig ins Auto hieve! Sonst wäre ein deftiger Streit garantiert, denn er kapiert nicht, was eine Familie unterwegs wirklich alles braucht! Er meint, man könne auch mal improvisieren, es sei nicht nötig, für jede Eventualität gerüstet zu sein. Das Problem ist nur: Er würde so gut wie gar nichts mitnehmen. Deshalb obliegen die Reisevorbereitungen allein mir, denn so kommen wir erstens ohne Krach auf Touren – und zweitens haben wir einfach alles dabei!

Wir fahren pünktlich ab. Kommen zügig voran. Ich freue mich auf das Meer, auf die Spaghetti von Zia Ida und auf den Cappuccino in der Bar von Zio Renzo.

Kurz nach der Grenze folgt die erste Zahlstelle auf der Autobahn. Als wir in der Kolonne ziemlich weit vorgekommen sind, öffne ich das Handschuhfach, um nach dem Euro-Portemonnaie zu greifen, das ich extra mit Kleingeld bestückt habe.

Schätzt er eigentlich, dass ich wirklich an alles denke?

Ich wühle und wühle – und finde nur Landkarten und Kaugummis. ✐

☙ beziehungskiste ☙

ER »Das Portemonnaie muss im Kofferraum sein, in der Apothekenabteilung vielleicht«, erklärt Schreiber hektisch. »Oder in der Bürotasche?«
»Du hast zehn Sekunden Zeit!«, schimpfe ich.
»Jetzt reg dich doch nicht so auf«, sagt sie, »du behauptest doch immer, du liebst das Improvisieren!«
»Ja!«, antworte ich, »aber nicht drei Meter vor der Zahlstelle!«
»Nun, du kannst ja italienisch. Erklär es ihm halt, der wird das schon verstehen«, fährt meine Frau fort.
»Hast du in den Rückspiegel geschaut? Hinter uns stehen fünfzig Autos! Meinst du, ich schwinge jetzt lange Reden?«
»Tu doch nicht so«, antwortet sie. »Die warten ja eh schon so lange, da kommt es auf ein paar Minuten nicht an.«
Noch während ich die letzten zwei Meter zur Zahlstelle rolle, beschließe ich, dass kein einziger Holländer mit Wohnwagen und kein einziger Deutscher mit Wohnmobil wegen meiner Frau Reisevorbereitungsweltmeisterin auch nur eine einzige Sekunde länger warten muss! Das fehlte gerade noch!
Ich erkläre dem Mann im Zahlhäuschen also, dass wir keine Euro haben – und halte ihm eine Zwanzigfrankennote hin.
Er nickt, nimmt den Schein und öffnet die Barriere.
»Puh!« Ich atme auf. Jetzt habe ich uns aber elegant aus dem Schlamassel gezogen, finde ich. Ich erwarte von Schreiber lobende Worte, doch was sie dann sagt, ist wieder mal typisch: »Also zehn Franken hätten längstens gereicht.« ✂

☙ beziehungskiste ☙

Lisa oder Werner

SIE Da wir noch nicht sehr lange im Aargau wohnen, kenne ich mich hier nicht so gut aus. Deshalb bitte ich meinen Schwager, uns sein mobiles Navigationsgerät für einen Tag auszuleihen. Schneider knurrt, aber ich weiß, dass wir mit GPS-Hilfe garantiert den schnellsten Weg von Bad Zurzach nach Niedererlinsbach finden.
»Wollt ihr von einer Frau oder von einem Mann gelotst werden? Von Lisa oder Werner?«, erkundigt sich mein Schwager. Was für eine Frage! »Von einer Frau natürlich, die hat den besseren Ortssinn!«, antworte ich.
Wir fahren los. An der ersten Ecke sagt Lisa, unsere Lotsin, dass wir nach links abbiegen sollen. Schneider nickt: »Weiß ich doch.« Bald macht er sich einen Spaß daraus, gleichzeitig mit Lisa die Richtungsänderungen anzugeben. Ab Brugg beginnt Schneider, Lisa zu ignorieren. Sie sagt links, er fährt geradeaus.
»He, das ist falsch!«
»Ich bin in der Gegend aufgewachsen, lass mal!«, meint er. Lisa meldet sich zurück. Sie hat wohl nachgedacht: Beim nächsten Kreisel müsse man die zweite Ausfahrt nehmen. Schneider nimmt die erste. Lisa bleibt freundlich, mich aber nervt Schneider. Ich schimpfe: »Was ist eigentlich dein Problem?«
»Ich kenne mich hier aus«, sagt er.
»Besser als Lisa?«
»Viel besser als Lisa«, antwortet er – und bremst.
Vor uns stehen Autos. Baustelle. Stau. Lisa schweigt.
Vielleicht hätte ich Werner wählen sollen. Von ihm hätte sich Schneider bestimmt den Weg erklären lassen. ✎

☙ beziehungskiste ☗

ER Ich habe nichts gegen Lisa, die versteht schon etwas von der Sache. Am Steuer habe ich aber manchmal etwas gegen Schreiber, weil sie besser wissen will, wie und wohin ich zu fahren habe. Sind wir zum Beispiel in Italien unterwegs, schaut sie ständig in die Straßenkarte und schlägt mir andere Routen vor – Abkürzungen, sagt sie. Ich habe ein paar Mal nachgegeben, bis ich feststellen musste, dass sie kein bisschen unterscheidet zwischen Nebenstraßen, Hauptstraßen und Autobahnen. Sie versteht nicht, dass eine längere Wegstrecke auf einer schnellen, geraden Straße deutlich vernünftiger ist als die kürzere Strecke durch mehrere Dörfer auf einer kurvenreichen Nebenstraße.
»Weißt du, weshalb die Straßen auf der Karte unterschiedliche Farben haben?«, habe ich einmal gefragt.
Sie verstand die Frage nicht.
Und wenn Schreiber mal nicht in die Karte schaut, spielt sie Polizistin.
»Hier ist Tempo fünfzig«, sagt sie.
»Ich fahre fünfzig«, antworte ich, aber das hört sie nicht mehr, weil sie die Straße vor uns konzentriert nach tückischen Kreuzungen, überraschenden Baustellen und fiesen Kurven absucht.
Am meisten nervt, wenn sie dauernd irgendwelche Leute nach dem Weg fragen will. Sie hat noch nicht kapiert, dass ein Mann nie nach dem Weg fragt. Deshalb brauche ich keine elektronische Lisa, keine Copilotin wie Schreiber – sondern einfach meine Ruhe.
Und manchmal etwas mehr Zeit. ✂

ಆ beziehungskiste ೞ

Ein Bentley in Zürich

SIE Wir stecken im Zürcher Abendverkehr. Wahnsinn, wie aggressiv die hier fahren. Ich bin total genervt! Schneider schlüpft bei orange über eine Kreuzung, wie auch das Auto hinter uns, das bestimmt schon rot hatte. Nun schiebt es sich rechts neben uns in die zweite Spur.
»Bentley«, sagt Schneider beeindruckt, »teures Auto.«
»Der Typ am Steuer sieht wie ein Schnösel aus«, stelle ich fest. Als die Ampel auf grün wechselt, schießt der Schnösel in unsere Spur. Schneider muss bremsen.
»Depp!«, sage ich und zeige ihm den Vogel.
»Spinnst du?«, ruft Schneider.
»Das war echt gefährlich! Was bildet der sich ein?« Der Bentley rollt nun vor uns und versucht durch den Abendstau zu drängeln, als wären wir auf der Rennpiste statt am Sihlquai. Als wir beim nächsten Rotlicht wieder aufschließen, sehe ich, dass der Fahrer das Handy am Ohr hat. Dieser Verrückte fährt nicht nur total rücksichtslos, sondern auch noch einhändig! Mir reicht's! Ich zücke meine Agenda aus der Handtasche und beuge mich nach vorn, um das Nummernschild besser ablesen zu können.
»Was machst du?«, fragt Schneider.
»Ich schreibe seine Nummer auf!«
»Du hörst sofort auf, Polizistin zu spielen!«, schimpft Schneider.
Ich spiele nicht. Mir ist es ernst! ✑

beziehungskiste

ER Ich halte das Steuer fest in den Händen und sage: »Du zeigst niemanden an!«
Schreiber schnaubt: »Das ist ein Idiot, der andere gefährdet!«
»Beruhige dich«, antworte ich, »wir sind keine Denunzianten! Es gibt nun mal Idioten. Sich aufregen bringt gar nichts.«
Wir schleichen in der Kolonne am Zürcher Hauptbahnhof entlang. Ganz schön protzig, so ein Bentley. Kann man sich so ein Auto leisten, lacht man nur über Bußen. Ziemlich ungerecht, eigentlich.
Nach dem Hauptbahnhof verbreitert sich die Straße. Der Bentley nimmt die rechte Spur, ich die linke. An der beleidigten Schreiber vorbei blicke ich in die Limousine: Der Typ am Steuer sieht in der Tat unsympathisch aus und telefoniert immer noch. Aber deshalb die Polizei rufen? Abgesehen davon trennen sich unsere Wege hier sowieso – in fünf Sekunden sehen wir den nie wieder.
Grün. Ich gebe Gas – und ramme gleich darauf meinen Fuß auf die Bremse! »GEHT'S NOCH?!« Der Bentley ist voll in meine Spur rübergezogen, ohne den Blinker zu betätigen. Hätte ich nicht so schnell reagiert, es hätte gekracht! Und jetzt rast er durch den Tunnel vor uns auf und davon! »MEINST DU, DIE STRASSE GEHÖRT DIR?«, schreie ich ihm hinterher. »So ein Arsch!«
Schreiber schweigt.
Und ich frage sie: »Erinnerst du dich noch an seine Autonummer?« ✂

ꙮ beziehungskiste ꙮ

Druck im Stau

ER Wir fahren ins Tessin, wo wir Deutschschweizer als »Zucchini« und »Quadratschädel« bekannt sind, und nicht genug damit, wir müssen auch noch vor dem Gotthard anstehen. Mit einer Geschwindigkeit von einem halben Meter pro Sekunde schleichen wir dem Portal entgegen, rechts neben uns ein Ungetüm von Autotransporter, der weitere Autos über die Alpen schleppt, die dann irgendwann auch wieder in Staus stehen. Wir können nicht rechts ranfahren. Ich platze schier vor Ärger. Und meine Blase drückt. »Ich muss dringend mal!«, sage ich zu Schreiber.
Sie antwortet: »Rede nicht davon – ich auch.«
Ich könnte mich ohrfeigen. Auf langen Fahrten im Auto trinken wir gerne und viel Coca-Cola. Angeblich, um durch das Koffein frisch zu bleiben. Das sagen wir jedenfalls unseren Kindern, denn ihnen verbieten wir Cola. Das Problem: Mein Körper will die schwarze Brühe immer sehr schnell wieder loswerden.
»Ist die Flasche leer?«, frage ich Schreiber.
Sie greift danach und sagt: »Da ist noch was drin.«
»Los, schütte den Rest aus dem Fenster. Ich brauche diese Flasche!«
Sie schaut mich an: »Spinnst du? Ich schmeiß doch keine Cola weg. Warte, ich trinke aus.«
Hat selber Druck auf der Leitung und trinkt noch mehr? Das lasse ich mal ihr Problem sein, denke ich. Endlich, nachdem wir dem Tessin weitere drei Meter näher gekommen sind, reicht sie mir die leere Flasche.
»Und nun halt mal das Steuer«, sage ich. ✂

☙ beziehungskiste ☙

SIE Der hat's gut. Macht in die Flasche und fährt gleichzeitig auch noch Auto. Da sind wir Frauen einfach unpraktischer gebaut. Schneider stöhnt vor Erleichterung. Ich staune auch immer wieder, wie sich Männer ungeniert an den Straßenrand stellen und in hohem Bogen erleichtern. Eine Frau, die in aller Öffentlichkeit ihre Hose runterlässt, in die Hocke geht und einfach Pipi macht, habe ich noch nie gesehen.
Dabei wäre ich jetzt fast so weit.
Mann, so ein Druck!
Mein Liebster ist seit seiner Flaschenrunde sehr heiter. Er pfeift, die Kinder singen mit.
Haben wir denn keinen Sandeimer im Auto?
Wir ruckeln langsam vorwärts.
Oder soll ich einfach aussteigen?
Was, wenn sich die Kolonne ausgerechnet dann ganz schnell fortbewegt? Ich sehe mich schon alleine durch den Gotthardtunnel unserem Auto hinterherrennen. Nein, nein, ich halte durch und denke jetzt einfach mal an etwas anderes. An unser Haus. Da haben wir zwei Toiletten …
»Noch anderthalb Kilometer, dann sind wir im Tunnel!«, höre ich meinen Liebsten fröhlich verkünden.
Wie lange dauert das? Eine Stunde?
Es geht nicht mehr. Ich muss.
Und ich habe auch eine Lösung, endlich! Warum bin ich nicht viel eher draufgekommen?
Schneider blickt zu mir hinüber: »Warum schnallst du dich jetzt ab?«
Der Gurt schnellt in die Halterung: »Warum, mein Lieber? Weil Ida Paulinas Windeln hinten sind!«

❧ beziehungskiste ☙

Gas geben und abbremsen

ER Ich blicke konzentriert hinter dem Lenkrad hervor. Bin gespannt wie eine Feder. Wäre doch gelacht, wenn ich nicht am schnellsten reagieren und abbremsen könnte.
Habe schließlich Formel-1-Erfahrung, auch wenn das eine Weile zurückliegt. Damals durfte ich in Frankreich für eine Reportage fünf Runden lang in einem Fünfhundert-PS-Monster Jahrgang 1992 mit fetten Reifen und Handschaltung so richtig Gas geben. Als ich das erste Mal beschleunigte, schrie ich unter dem Helm vor Begeisterung! Was für ein Gefühl, wenn der ganze Körper mit einer unsichtbaren Wucht in die Sitzschale gedrückt wird! Wenn der Kopf nicht mehr auf dem Hals sitzt, sondern Teil der Rennrakete wird! Wenn selbst die Lungenflügel unter dieser unglaublichen Belastung ihre Form verlieren und sich der Fliehkraft anpassen, sodass man kaum mehr atmen kann! Gut, letzteres habe ich gelesen, denn so schnell war ich auch wieder nicht unterwegs. Und nach der ersten Runde standen schon diese französischen Instruktoren mitten auf der Strecke und machten mit Armen und Händen wilde Zeichen, dass ich abbremsen solle, damit ich auf keinen Fall von der Strecke fliege. Genau genommen war ich also eher langsam auf der Piste, aber wenn man mich gelassen hätte!
Jetzt! Jetzt leuchten die beiden Lampen links und rechts der Windschutzscheibe auf. Ich ramme unglaublich reaktionsschnell meinen Fuß aufs Bremspedal! ✂

☙ beziehungskiste ☙

SIE Schneiders Bruder macht aus Lieferwagen fahrende Werkstätten und zeigt an einem Tag der offenen Tür seine mobilen Wundertüten. Vor der Werkstatt werden Würste gebraten, Ballons aufgeblasen und die Kinder suchen in einem Container voller Sand nach Fünfzigrappenstücken.
Als weitere Attraktion steht ein Auto bereit, in dem man sein Reaktionsvermögen testen kann. Man sitzt hinter dem Lenkrad, vor dem Wagen blinken links und rechts zwei Ampeln. Wenn beide orange leuchten, muss man mit Schmackes auf die Bremse treten. Der Andrang ist groß. Schneiders Brüder sind nicht schlecht, Schneider selbst ist eher schwach. Reagiert langsam, drückt das Bremspedal zu wenig durch. Und dabei prahlt er immer mit seiner popligen Formel-1-Runde.
Dann bin ich dran: Ich, die langjährige SBB-Generalabo-Anhängerin, die erst seit wenigen Jahren selber Auto fährt und rein gar nichts für die Faszination Auto übrig hat.
Orange – orange: Mein rechter Fuß schnellt aufs Bremspedal, ich drücke meine fünfundsechzig Kilo dagegen und höre erst auf, als der Herr mit der grünen Schirmmütze durchs Fenster ruft: »Sie können jetzt aussteigen.«
Tja, das Resultat kann sich sehen lassen. Bis am Abend reagiert niemand schneller als ich, und ich gewinne den Hauptpreis: einen Schleuderkurs! Nicht schlecht! Mein Liebster nimmt mich in den Arm und sagt zerknirscht: »Bremsen konntest du schon immer gut!« ✎

⋐ beziehungskiste ⋑

Schreiber kriegt die Kurve

SIE Das Schneefeld liegt blankweiß vor mir, ich schlage das Steuerrad sachte ein. »Bloß die Ruhe bewahren«, flüstere ich – dann schiebt sich das Heck links an mir vorbei, überholt mich, und langsam wie ein Curlingstein kommt das Auto komplett verdreht zum Stillstand. Wumm. Wumm. Wumm. Mein Herz rast. Dabei war ich gar nicht schnell unterwegs. Gerade mal fünfunddreißig Kilometer pro Stunde.
Es klopft an die Fensterscheibe: »Nicht schlecht, Frau Schreiber, aber die Hinterreifen sind nicht mehr zu gebrauchen.«
Aha! Die Hinterreifen! Ich atme auf. Der Grund für meine Pirouette ist also nicht mein Unvermögen, sondern das Material.«
Toll, was ich alles in diesem Schleuderkurs lerne!
In der Mittagspause rufe ich Schneider an: »Der Kurs ist Klasse, und Auto fahren ist ja noch viel gefährlicher, als ich dachte! Übrigens: Wir brauchen sofort neue Hinterreifen und ein Netz, das unser Gepäck fixiert, ach, und die Kindersitze müssen immer angeschnallt sein, auch wenn niemand drin sitzt. Außerdem ist es supergefährlich, wenn hinten Schirme oder Wasserflaschen herumliegen, die werden zu richtigen Geschoßen bei einer Vollbremsung. Brutal, gell?«
Schneider schweigt, dann fragt er besorgt: »Meinst du, du schaffst es, ohne Helm und feuerfesten Overall nach Hause zu fahren?« ✒

ER »Was ist denn das?«
»Das sind meine Notizen.«
»Notizen? Wofür?«
»Ich habe mir im Schleuderkurs allerhand aufgeschrieben«, antwortet Schreiber. Sie sitzt wie eine Rallye-Copilotin neben mir im Auto und konsultiert vor jeder Kurve ihre Unterlagen. Statt aber wie eine richtige Copilotin anzukündigen, mit welcher Höchstgeschwindigkeit die nächste Kurve genommen werden kann, meint sie: »Hast du gewusst, dass man *vor* der Kurve bremst, nicht *in* der Kurve?«
Ja, hab ich. Aber nicht wissen konnte ich, dass meine Frau nach einem simplen Schleuderkurs gleich zur Frau Autoexpertin wird. Sie erklärt: »Das Lenkrad hältst du bitte immer mit beiden Händen, und die Schultern müssen die Rückenlehne berühren, wegen der Stabilität, weißt du.«
Aha!
»Halte mehr Abstand. Bei Tempo achtzig ist der Bremsweg deutlich länger als die zehn Meter hier.«
Der Schleuderkurs mag Schreiber genützt haben. Unserer Beziehung schadet er im Augenblick sehr. Ich schlage deshalb vor: »Du legst diese Unterlagen weg, und als Gegenleistung werde ich auch mal einen Schleuderkurs machen. Einverstanden?«
»Gut. Aber vorher solltest du den Sitz vorschieben, damit du bei einer Vollbremsung nicht die Beine durchstrecken musst.«
Ich melde mich noch heute an! ✂

☙ beziehungskiste ☙

Schwarzseher

ER Ich blicke ins Weiße und sehe schwarz! In meinem bisherigen Leben hab ich nie bereut, ein Mann zu sein. Doch es gibt immer ein erstes Mal. Als Frau wäre mir dieses Fiasko, das wir gerade erleben, nämlich kaum passiert! Als Frau säße ich jetzt nicht in einem Auto, das im Schnee feststeckt, mit einer hässigen Schreiber und zwei schluchzenden Kindern, wovon das Ältere dauernd wiederholt: »Papi! Wieso musst du so einen Blödsinn machen?«

Blödsinn? Ich wollte keinen Blödsinn machen. Ich wollte die Autofahrt abkürzen. Murmeltiere sehen. Meiner Familie etwas bieten. Und, zugegeben, ein klein wenig Nervenkitzel erleben.

Ein klein wenig!

Der Straßenarbeiter unten im Tal hatte mir noch versichert, der Pass sei jetzt am Morgen noch problemlos befahrbar, der große Schnee komme erst gegen Abend.

Aber irren ist menschlich. Der Schnee wird nicht am Abend kommen, er ist schon da, und wir mittendrin, kurz unter der Passhöhe, gefangen in einem heftigen Sturm, der die Straße innert Minuten zugeschneit hat. Schreiber blickt grimmig. Sie wäre nie den Pass hochgefahren, sondern wäre von Anfang an völlig übervorsichtig auf Nummer sicher gegangen und hätte den weiten Umweg durch die Täler genommen. »Mach was!«, zischt sie. »Sei ein Mann!«

Genau das ist ja das Problem. ✀

SIE Das haben wir jetzt von seiner Abkürzung! Ich wäre von Anfang an den anderen Weg gefahren, aber Herr Schneider wusste es wieder mal besser. Jetzt ist er sichtlich angespannt, wischt nervös mit einer Hand die Scheibe frei. Ist ja auch wirklich eine Schnapsidee von ihm gewesen, so spät im Herbst noch über einen Pass zu fahren.
Alles versinkt in weißer Pracht. Ich überlege, wie viel wir noch zu essen dabei haben. Wie lange unser Benzin reicht, um die Heizung laufen zu lassen. Wie wir jemanden verständigen können. Und vor allem wen. Die Polizei? Die Feuerwehr? Die Rega? Wer ist hier zuständig?
Schneider murmelt: »Jetzt kommt bestimmt gleich ein Schneepflug.« Bestimmt – im nächsten Jahr vielleicht.
Ich steige aus, um die Lage abzuschätzen: Sieht für den Wintersport richtig gut aus, für eine Familie, die ein Wochenende in den Bergen verbringen wollte, aber nicht. Schneider stapft ebenfalls durch den Schnee. Ich schaue ihn verärgert an. Mit einem schüchternen Lächeln sagt er, was er immer sagt, wenn er Blödsinn gemacht hat und keinen Ausweg mehr weiß: »Wir könnten ja eine Kolumne drüber schreiben!«

»Dumme rennen,
Kluge warten,
Weise gehen in
den Garten.«

Cicero

wildleben

ಲಿ wildleben ಲ

Schreiber in Aktion

ER Vier Englische Rosenstöcke, sechsundsechzig Prozent verbilligt! Vier Thuja, je unglaubliche vier Franken. Eine etwas schlappe Stachelbeere, halber Preis. Das Kistchen mit den Schnäppchen in der Hand strahlt mich Schreiber an: »Nun?«
»Was soll ich damit?«
»Na, einpflanzen, was denn sonst?«, sagt sie.
Ich schüttle den Kopf. Schreiber kauft Pflanzen nur bei einer Gelegenheit: wenn sie total runtergeschrieben sind.
»Als ich eine Thuja nach Hause brachte, hast du gespottet, das sei ein Bünzlibaum«, sage ich.
»Ja, und du hast geantwortet, dann seist du eben ein Bünzli. Habe drum gedacht, du hättest Spaß, wenn ich nochmals vier Thuja kaufe.«
»Wir brauchen aber keine Thuja mehr.«
»Freust du dich etwa nicht?«
»Nein. Du freust dich, weil du glaubst, den Kauf des Lebens getätigt und alle Thujalieferanten reingelegt zu haben, weil du so gut wie gar nichts dafür bezahlt hast! Aber das ist ein Irrtum, meine Liebe! Weißt du, warum das Zeug spottbillig ist? Weil bald der Frost einsetzt, und dann ist fertig mit pflanzen, verstehst du? Du hast die Ladenhüter nach Hause gebracht, die Übriggebliebenen. Du machst aus unserem Garten ein Auffangheim für all jene, die es nicht rechtzeitig in andere Gärten geschafft haben!«
Ich wäre so gerne ein Gärtner mit Konzept – Schreiber aber sieht mich bloß als Heimleiter für Mauerblümchen. ✂

SIE »Und? Wo soll ich jetzt diese Thujaplantage anlegen?«, fragt Schneider missmutig.
Plantage! Es sind vier winzige Sträucher. »Ich dachte, wir könnten einen Kreis daraus machen, dann haben die Kinder und die Katzen mal ein schönes Versteck.«
»Aha. Einen Kreis? Keltisch oder so?« Schneider schüttelt den Kopf. Er hält nichts von meinen spontanen Aktionen, er plant unseren Garten akribisch, liest Gartenbücher, macht Skizzen. Kein Lavendelchen darf einfach so in die Erde gesetzt werden, nein, es muss einen Grund dafür geben, eine fruchtbare Partnerschaft mit Rosen zum Beispiel.
Ich bin da lockerer. Meinen Kräutergarten habe ich möglichst nahe zur Küche gepflanzt. Ich wusste allerdings nicht, dass Minze wuchert und dass Schnittlauch der schlechteste Nachbar von Petersilie ist, wie Schneider dozierte. Außerdem hat er oft geflucht, weil er mit dem Rasenmäher nicht mehr am Salbei vorbeikam, der so wunderbar gedieh. Zudem habe ich zu spät gemerkt, dass mein Rosmarin genau in der Kurve von Ida Paulinas Sprintstrecke liegt und sie jedes Mal auf die duftenden Zweige tritt.
Tja, wohin also mit den Thuja?
Hinters Haus natürlich! Zu all den anderen Mauerblümchen!

ಹಿ wildleben ಊ

Hansgeorg und das Karma

SIE Ich mag Krabbeltiere, solange sie mir nicht zu nahe kommen. Ich fürchte mich fast nicht vor Spinnen. Tausendfüßler faszinieren mich sogar, und Fliegen in der Küche nerven zwar, aber ich nenne sie Oskar oder Hilde. Mit Namen sind Insekten sympathischer.
Doch langsam kriege ich ein Problem. Nicht wegen Rita, der Kreuzspinne im Schuppen, auch nicht wegen Julius, dem Regenwurm. Nein – es ist wegen dieser Ameisenherden, dieser Völkerwanderung am Boden, dieses verzweigten Straßennetzes in unserer Wohnküche! Es kribbelkrabbelt rund um unseren Esstisch und jetzt sogar neben dem Kühlschrank!
Anscheinend sind wir nicht alleine mit unserem Ameisenproblem, denn ich bekomme aus der Nachbarschaft allerhand Tipps: Backpulver füttern, das lässt die Tierchen explodieren.
Entsetzlich!
Oder heißes Wasser über den Haufen leeren. Wir finden aber keinen Haufen. Oder Margarine als Barriere auf den Boden kleistern – was bei diesen sommerlichen Temperaturen eine schmierige Sache ist.
So werden wir die Viecher nicht los. Ich muss härter durchgreifen – und darf meiner Mutter, die als Buddhistin an Wiedergeburt glaubt und jedes Lebewesen achtet, nie erzählen, was ich im Schilde führe, ebenso wenig den Kindern, denn die erzählen es ihrer Großmutter sofort.
Ich muss es heimlich tun.
In Gedanken entschuldige ich mich für meinen verwerflichen Plan. Ich verspreche dem Tierschutz Geld und den Mücken mein Blut! Ehrenwort. Das bin ich meinem Karma schuldig.
Da krabbelt eine Ameise aus dem Toaster. Bevor ich daran denke, dass jedes Lebewesen göttlich ist, rutscht mir die Hand aus.
Wiedergeburt hin oder her! ✒

୫ଠ wildleben ଓଃ

ER Als die Kinder und ich vom Badeausflug nach Hause kommen, sehe ich Schreiber mit einer Dose in der Hand ums Haus gehen. »Was ist das?«, frage ich. »Pst, leise, nicht, dass es Alma hört. Das ist Ameisengift, krass, ich weiß, aber ich habe keine Nerven mehr!«
Ist das meine Frau, die sonst keiner Fliege etwas zuleide tut, sondern ihnen sogar Namen gibt? Als ich einmal eine Ameise, die auf dem Weg zu meinem Teller war, vor den Augen unserer Kinder abknipsen wollte, fauchte Schreiber: »Wie kannst du nur? Schubs sie einfach weg. Armer kleiner Hansgeorg.« Sie nahm Hansgeorg auf die Hand und trug ihn hinaus. Schreiber hatte ja immer gedacht, mit einem Besen – »sanft wischen, gell?« – und gutem Zureden – »kssskss, hier lang« – würden die Ameisen schon merken, dass sie draußen bleiben sollten. Aber jetzt hat sie offensichtlich kapituliert: Es sind einfach zu viele Ameisen!
Schreiber blickt zuerst mich, dann das Gift entschlossen an. Aber mir immer Vorwürfe machen, wenn ich rigoros durchgreifen will! Deshalb leiste ich mir nun ein kleines Revanchefoul: »Weißt du, wie intelligent Ameisen sind? Die gehen Hunderte von Metern weit auf Futtersuche, sie fressen Zecken, regulieren die Temperatur im Haufen selber: Das sind sehr kluge Tierchen. Und die willst du töten? Das ist ganz mies für dein Karma.«
Schreiber zuckt zusammen.
Dann drückt sie mir die Dose in die Hand: »Mach du, du glaubst ja nicht an Wiedergeburt.« ✄

ಹಿ wildleben ೞ

Von Menschen und Mäusen

SIE Das Schnurren einer Katze gehört zu den schönsten Geräuschen auf dieser Welt. In diesem Schnurren, das man hört, sieht *und* spürt, schlummern viele wundervolle Gefühle: Genuss, Ruhe, Entspannung, Hingabe, Selbstvergessenheit.

Ich kraule unsere beiden Kater Momo und Caramello. Wären die beiden Kater Männer, so wäre Momo ein sanfter Schönling, der die Frauen lieben und ihnen reihenweise die Herzen brechen würde, während Caramello sich als sportlicher Single mit Beziehungsproblemen durchs Leben schlagen würde.

Ich mag vieles an ihnen – außer ihren völlig unnötigen Jagdtrieb. Fliegen, Vögel, Mäuse: Was sich bewegt, versetzt sie in Hochspannung. Sie wackeln mit dem Hintern und setzen zum Sprung an.

In der Hoffnung, dass ich aus ihnen doch noch tierfreundliche Kerle machen kann, gebe ich ihnen reichlich Futter, kraule sie endlos und erkläre schnurrend, dass es absolut keinen lebensnotwendigen Grund gibt, als pappsatter und verwöhnter Kater anderen Viechern hinterherzurennen und ihnen das Genick zu brechen.

Die beiden recken sich, fahren genüsslich ihre Krallen aus – und in diesem Augenblick sehe ich der Wahrheit schonungslos in die grünen Augen: Es gibt neben Männern weitere Wesen auf dieser Welt, die unbelehrbar sind. ✒

ஐ wildleben ௵

ER »An der Gartenschere sind Schleimspuren«, sagt Schreiber. »Du hast nicht etwa wieder Schnecken zerschnitten?«
Doch. Ist aber lange her. Ich habe im Hochsommer Feuerbohnen gepflanzt, und die Schnecken rasierten jedes zarte Grün radikal weg.
»Du hattest es mir versprochen!«
»Auch Pflanzen haben ein Recht auf Leben!«
»Du hast also die Schnecken zerschnitten?!«
»Na und, du hast auch schon Läuse mit Seifenlauge besprüht!«
»Du weichst aus!«
»Begrabe die Illusion, dass wir einen Garten Eden haben, wo alle nett zueinander sind! Deine Kater …«
»Es sind unsere Kater! Du wolltest sie auch!«
»… lassen keinem Vogel, keiner Maus und keiner Libelle eine Chance! Unsere Kater sind Killer! Und ich, ich schütze zarte Feuerbohnen.«
»Wie kannst du nur Schnecken zerschneiden?!«, fragt sie fassungslos.
Ehrlich gesagt ist das nicht besonders schwer: schnippschnapp. Aber das sage ich nicht. Stattdessen habe ich einen Vorschlag: »Wenn deine Kuscheltherapie Erfolg hat und unsere Kater keine Mäuse und Vögel mehr jagen, dann kraule doch als Nächstes die Schnecken in unserem Garten – und bitte sie freundlich hinaus.« ✂

꙰ wildleben ꙰

Schreibersche Zuchtstation

SIE Ich bin spät dran in diesem Jahr, vergrabe aber dennoch mit Begeisterung Zwiebeln in unseren Blumentöpfen rund ums Haus. Ich freue mich auf die bunte Pracht im Frühling und wühle zufrieden in der krümeligen Erde, als etwas Dickes zwischen meinen Fingern kleben bleibt. Kein Regenwurm. Keine Schnecke.
Nein, ein mondscheinweißes gekrümmtes Teil, das wie ein winziger Embryo in der dunklen Erde liegt. Ein Engerling? Macht der Winterschlaf? Wird das ein Käfer? Ich lege das Kerlchen in ein Körbchen, und als bei meiner Wühlaktion noch mehr von diesen Larven zum Vorschein kommen, lege ich sie alle miteinander in einen Eimer und schütte Erde drüber, damit sie es schön gemütlich haben über die Winterzeit.
Da ich in Biologie genauso schlecht war wie in allen anderen Fächern, werde ich mich deshalb ganz einfach überraschen lassen, was daraus wird! Seit wir einen Naturgarten haben, fühlen sich bei uns eben Tiere aller Art wohl. Und wir respektieren jedes dieser Wesen. Also ich tu es – Schneider ist da nicht so konsequent, er hat schon Schnecken zerschnippelt, was für eine bessere Wiedergeburt reichlich ungut ist.
Ich dekoriere den Eimer mit einem Herz aus Steinen und freue mich auf den Frühling, wenn die Käfer munter ausfliegen. Es ist ein schönes Gefühl, glibberigen Maden zu einem besseren Leben zu verhelfen. Schneider wird stolz auf mich sein.
Ich bin es jetzt schon.

☙ wildleben ❧

ER Ich stehe vor einem blau gestrichenen Eimer voller dunkler Erde, auf der sich aus Steinen die Umrisse eines Herzens abzeichnen. Das muss der Eimer sein, von dem mir Schreiber begeistert erzählt hatte: ihre Engerling-Asylunterkunft. Ihr Maikäfer-flieg-Projekt. Ihr Karma-Kübel für eine glückliche Wiedergeburt – denn wir wissen ja nicht, ob aus uns nicht auch mal eine Made oder eine Assel oder ein Käfer wird. Sagt Schreiber. Ich stelle jedenfalls fest, dass der kräftige Regen in der Nacht nicht nur den Garten in ein feuchtes, dunkles Biotop verwandelt hat, sondern auch die Erde im Kübel tüchtig mit Wasser durchtränkt hat. Da öffnet sich die Verandatür. Schreiber hat mich wohl beobachtet. Sie ruft beschwichtigend: »Es sind ja nicht viele, die fressen nichts kahl.«
Ich nicke. Aber im Augenblick interessiert mich gar nicht, ob das kleine Monstermaden sind, die alles abnagen. Ich hebe die Schreibersche Zuchtstation hoch, um den Eimerboden zu begutachten. Ist da ein Loch? Nein. Der Unterboden ist dicht.
Ich ahne die Katastrophe und stelle den Eimer wieder hin. Mit einer kleinen Schaufel grabe ich in die matschige Erde. Es erscheint, was ich erwartet habe: dick aufgedunsene Engerlinge, ertrunken und mausetot.
Das mit dem guten Karma ist für Schreiber diesmal grausam bachab gegangen. ✂

ℬ wildleben ℭ

Einheimische rein!

SIE Schneider spaziert mit mir durch unseren Garten und doziert. Er hat sich von einem Profi beraten lassen und glaubt jetzt, alles über Naturgärten zu wissen.
Da Schneider ganz nebenbei auch noch Lehrer ist, werde ich von ihm in die Wissenschaft der umweltfreundlichen Gartenkunst eingeführt: »Siehst du hier, diese Forsythie, die bringt überhaupt nichts«, sagt er, als wir vor dem prächtigen grünen Strauch stehen.
»Die bringt's sehr wohl, die Forsythie, mein Lieber, sie kündet mir den Frühling an, und ich bekomme gute Laune, wenn sie im April gelb leuchtet«, antworte ich.
»Die ist nicht einheimisch«, fährt er fort.
»Nicht einheimisch? Die wächst doch überall!«
Schneider fährt unbeirrt fort: »Die gibt's noch nicht mal zweihundert Jahre hier. Stammt aus China. Ist ökologisch völlig wertlos.«
»Völlig was?«
»Wertlos. Die Insekten können nichts damit anfangen.«
»Und was heißt das?«, frage ich leicht besorgt, denn ich habe eine leise Vorahnung.
Sie bestätigt sich, als Schneider sagt: »Die muss weg!«
»Weg? Nur weil sie erst seit zweihundert Jahren einheimisch ist? Vergiss es! Ich bin für eine blühende Schweiz – abgesehen davon hat sie sich wunderbar integriert. Sieh nur, wie schön sie zum Flieder passt!«

❀ wildleben ❁

ER Typisch. Schreiber wird gleich politisch, bloß weil ich erkläre, Forsythie, Flieder und Magnolie stammten aus der Fremde! Als ob ich etwas gegen Ausländer hätte! Blödsinn. Ich bin mit einer Münchnerin zusammen. Pech ist freilich, dass ausgerechnet diese Pflanzenarten ihre Lieblinge sind. Deshalb haben wir ja auch neun Stück davon – die ich nun am liebsten wieder los wäre.
»Du willst sie im Ernst alle wegtun?«, entrüstet sie sich.
»Die Naturgartenphilosophie setzt nun mal auf einheimische Gewächse«, antworte ich. Schreiber schmollt und macht kehrt. Ich blicke ihr hinterher und denke nach. Großes habe ich vor: hier eine Stützmauer aus heimischem Recyclingmaterial, dort Wiesenblumen statt Rasen. Und natürlich möglichst viele hiesige Sträucher anstelle japanischer Zierkirschen und türkischen Flieders.
Da es aber nicht gerade billig ist, unseren Garten umzugestalten, stapfe ich Schreiber hinterher. Ich weiß, es braucht noch zahlreiche Gespräche, um mit meiner Deutschen etwas typisch Einheimisches zu erreichen: einen gutschweizerischen Kompromiss! ✂

☙ wildleben ❧

Willkommensgeschenk

ER Welche Pracht! Unser Garten ist während unserer Italienreise explodiert. Ich gehe die Kieswege entlang und staune. Mannshohe Disteln, büschelweise Wegwarten, leuchtende Königskerzen. Die Natur ist imposant, und ich freue mich, wieder zu Hause zu sein.
Auch den Katern ist es gut ergangen. Momo, der Jäger, streift mir schnurrend um die Beine. Schön, wenn man so freundlich begrüßt wird.
Ich nasche ein paar Himbeeren, entdecke einen gigantischen Zucchetto, zupfe rote Kirschtomaten ab und schlendere mit meiner Ernte zurück zum Haus. Da rennt mir Momo hinterher und legt mir ein zuckendes, zitterndes Vögelchen vor die Füße. Es ist sein Willkommensgeschenk für uns. Ich sollte mich bedanken.
Schreiber tritt auf die Veranda, sieht mich, den Vogel, unseren Kater. Ich will kein Drama und sage: »Er hat es gut gemeint.«
Sie nickt betreten.
Dann sage ich: »Ich lege den Vogel ins Gebüsch. Vielleicht frisst ihn Momo ja noch.«
Schreiber kommt angetrabt. »Der Vogel lebt! Wir werden ihn verarzten!«
Sie bückt sich und hebt das Vögelchen hoch.
Dann schickt sie mir einen Blick zu, der mir bedeutend schärfer erscheint als Momos Tigerzähne. ✂

ೞ wildleben ಜ

SIE Das Vögelchen liegt ruhig in meiner Hand. Ich spüre sein Herzchen. Vielleicht ist es nur geschockt und nicht verletzt? Blut sehe ich keines.
Unglaublich, dass es Schneider seinem Schicksal überlassen wollte!
Momo tigert um mich herum. Während mein Mann etwas verlegen murmelt: »Das ist seine Natur, er kann ja keine Gummibärchen jagen«, blickt der Kater erwartungsvoll zu mir hinauf. Wahrscheinlich will er, dass wir dieses Vögelchen schnabulieren. Es scheint zum Glück nicht zu leiden und sitzt immer noch ganz ruhig in meiner Hand. Wie schön wäre es, wenn es überleben würde!
Schneider sagt: »Wir sollten es verschwinden lassen, bevor die Kinder etwas merken. Das gibt nur Tränen!«
Das gibt Sturzbäche voller Tränen!
Ich erinnere mich, wie ich als Kind einen toten Spatz im Hinterhof gefunden habe: Ich legte aus Gänseblümchen ein Herz um ihn und fühlte mich dabei ganz still. Sollte dieses süße Vögelchen auch sterben, werden wir es feierlich verabschieden und begraben. Ich werde mit den Kindern Steine bemalen und beten.
Ich blicke Schneider an und mache ihm deutlich: »Auch Abschied nehmen gehört zur Natur.«

ଅ wildleben ଔ

Was brummt denn da?

ER Bloß nicht rühren! Auch nicht den kleinsten Finger. Sonst passiert ein Unglück!
Das Kissen presse ich auf mein Gesicht. Die Dunkelheit lindert meine Übelkeit.
Ist mir schlecht! Ich bin ein Idiot! Gehe frohgemut an eine harmlose Gesangsprobe meiner A-capella-Truppe und stürze danach bei einem Mitsänger zu Hause in den tiefsten Alkoholabgrund.
Welcher Teufel hat mich geritten?! Ich weiß doch genau, dass ich keine zwanzig mehr bin und nicht mehr ungestraft trinken kann! Wie konnte ich das vergessen? Mein Vernunftsniveau bewegte sich auf der Stufe eines Fünfzehnjährigen! Sonst wäre ich brav mit der besonnenen Hälfte unserer Truppe nach dem letzten Lied nach Hause gegangen. Stattdessen habe ich wie ein Anfänger und ohne jeglichen Funken Verstand drei verschiedene Sorten Rotwein, hausgebrannten Williams vom Gastgeber und als Krönung Whisky getrunken!
Was sag ich getrunken: gekippt!
Jetzt habe ich die Quittung!
Mein Schädel brummt so laut, dass ich – wenn ich es nicht besser wüsste – schwören würde: Das hört man im ganzen Zimmer! ✄

SIE Ich blicke auf den Wecker: Es ist fünf Uhr.
Wieso bin ich wach? Hat Schneider geschnarcht? Er liegt regungslos im Bett, sein Kopf ist unter dem Kissen begraben. Wann ist er wohl von seiner Chorprobe nach Hause gekommen? Habe ihn gar nicht gehört.
Was hat mich denn dann geweckt? Das Zwitschern der Vögel? Die Kirchenglocken?
Ich horche aufmerksam in die morgendliche Stille.
Da! Da ist es wieder: Irgendetwas brummt.
Und zwar ziemlich laut!
Ich setze mich auf und horche erneut. Seltsam. Das Gebrumm scheint direkt vor dem Schlafzimmerfenster zu sein! Eigentlich eher im Schlafzimmerfenster!
Ich stehe auf und sehe nach. Draußen erwacht der Tag. Jetzt! Jetzt höre ich es ganz deutlich! Es kommt aus dem Storenkasten! Ich blicke hoch, sehe aber nichts.
Ich hole die Taschenlampe aus unserem Arbeitszimmer und leuchte in den dunklen Hohlraum.
Nun erkenne ich etwas und erstarre: Um ein graues, baumnussgroßes Nest krabbelt eine riesige Hornisse!
Hilfe! Eine Hornisse! Jetzt bloß keine Panik! Da! Sie starrt mich an! Kommt auf mich zu. Ich muss ruhig bleiben, gaaanz ruhig! Was tun? Fenster zu. Richtig! Und Schneider wecken, sofort! Jetzt muss ein Mann mit kühlem Kopf und nüchternem Denken her!

☯ wildleben ☮

Heldenalltag

SIE Ich will mit den Kindern auf den Markt im Ort.
Schneider nicht. Er musste wieder mal bis spätabends geschäftliche Kontakte pflegen, wie er das nennt. Scheint anstrengend gewesen zu sein – er liegt noch im Bett und erholt sich von seiner harten Arbeit.
Ich hingegen wurde schon wieder um fünf Uhr geweckt. Ausgerechnet am Samstag, wenn auch ich ausschlafen könnte! Um diese Zeit baut unsere Hornisse nämlich mit lautem Gebrumm an ihrem Nest weiter, für das sie den Storenkasten unseres Schlafzimmerfensters ausgesucht hat. Während mich diese Staatengeburt sehr beunruhigt, ist Schneider die Ruhe selbst.
»Ich löse das«, sagt er seit einer Woche. Seine Lösung besteht darin, das Problem zu verpennen.
»Vielleicht fliegt sie weg«, spekulierte er gestern. Welche Frau – ob Insekt oder nicht – lässt ihre Brut im Stich? Keine! Jedenfalls nicht freiwillig.
Und welcher Mann würde in einer derartigen Notlage nicht zum Held und Beschützer seiner Familie werden?
Jeder! Außer meinem. Das muss ich ändern.
»Mami, gehen wir endlich?«, fragt meine Größere. »Gleich«, antworte ich. Denn vorher muss ich etwas erledigen. Ich rase die Treppe hoch, dringe ins Schlafzimmer ein und verlange klipp und klar von Schneider: »Du löst dieses Problem, bis wir vom Markt zurück sind! Verstanden?« ✎

ER Die Haustüre fällt mit lautem Knall zu. Wer kann schmerzhafter zustechen: Schreiber oder die Hornisse? Ich blinzle unter meinem Kissen vor, strecke mich und werde mich nicht stressen lassen: Grade gestern Abend haben wir beim Geschäftsessen darüber geredet, dass sich Probleme mit Geduld und Gelassenheit viel besser lösen lassen, als wenn man hektisch reinschießt.

Wie viele meiner Urahnen sind wohl umgekommen, weil sie sich sofort auf den Säbelzahntiger stürzten, anstatt zu warten und zu überlegen?

Ich stehe auf und leuchte mit der Taschenlampe in den dunklen Winkel im Storenkasten. Astrid – so hat Schreiber die Hornisse getauft – mag das nicht. Ich sehe, wie sie aufgeregt um die Waben krabbelt.

Ich knipse das Licht aus. Nester darf man nicht zerstören, die Hornissen sind geschützt. Ich habe mich vor einigen Tagen auf einer Internetseite gründlich informiert.

Ich hole den Zettel, auf den ich die Telefonnummer des Hornissenschützers notiert habe, und rufe ihn an. Nur die Ruhe, sagt er, ich solle mich wieder melden, wenn die ersten Arbeiterinnen ausfliegen, dann würde er kommen, das Nest abnehmen und es umsiedeln.

Wunderbar! Ich lege auf – und mich noch einmal hin, denn für heute habe ich meine Heldenpflichten erledigt. ✂

ꙮ wildleben ꙮ

Königin Astrid die Erste

ER Als Bub waren mir die Erwachsenen ein Rätsel. Ich verstand nicht, warum das, was sie sagten, selten dem entsprach, was sie meinten oder taten. Zum Beispiel lernte ich – wenn ich dem Gerede der Großen lauschte –, dass die Deutschen alles Sauschwaben seien. Zumindest jene, die keiner persönlich kannte. Denn jeder Sauschwabe, den dieselben Erwachsenen im Fußballclub kennenlernten, war kein Sauschwabe mehr, sondern ein sehr patenter Kollege.

Dasselbe traf auch auf andere zu: Tschinggen, Jugos, Tamilen oder Zürcher zum Beispiel. Es dauerte eine Weile, das Rätsel zu lösen, aber dann kapierte ich: War das Fremde erst mal nicht mehr fremd, wurde aus einem Tschingg der Antonio, aus dem Jugo der Muamet und aus einem Zürcher der Fredi. Ganz generell wurden aus ihnen gute Typen.

Auch ich bin als Erwachsener nicht vor Vorurteilen gefeit. Und es ergeht mir genau so wie anderen: Wird Fremdes vertraut, verfliegt die Angst. Und deshalb bedauere ich den Tod von Astrid sehr. Ich unternahm alles, was mir sinnvoll erschien: Ich legte ihr Futter hin, trug sie an die wärmende Sonne, und zum Schluss brachte ich sie wieder in die Nähe ihres Nestes – aber es war zu spät. Sie ging ein.

Schade. Ich bin sicher, die Hornissenkönigin und ich wären gute Freunde geworden. ✄

ꙮ wildleben ꙮ

SIE »Hast du Tränen in den Augen?«, fragt Schneider nach seiner dramatischen Erzählung über das qualvolle Sterben unserer Hornissenkönigin. Die Ärmste! Astrid gehörte doch schon zur Familie.
»Vielleicht wurde sie vergiftet«, sagt Schneider.
»Vergiftet?«
»Pestizide«, erklärt er. »Oder sie wurde bei einem Königinnenkampf tödlich verletzt.«
Oh, nein! Dabei schien doch alles so perfekt: Die Arbeiterinnen wären bald geschlüpft, der Hornissenschützer, dessen Adresse Schneider im Internet gefunden hatte, hätte das Volk um- und an einem sicheren Ort wieder angesiedelt. Wir hätten Astrid und ihre Nachkommen im Wald besucht. Hätte! Würde! Unsere Königin! Ich spüre, wie meine Augen feucht werden.
»Gib's zu: Du bist froh, dass wir keine Hornisse mehr vor dem Schlafzimmerfenster haben!«, sagt Schneider.
Ich schlucke. Meine Einstellung gegenüber Hornissen hat sich verändert. Ich blicke giftig und sage: »Sie fehlt mir! Echt!«
Schneider strahlt: »Ja? Vielleicht kriege ich heraus, wie wir nächsten Frühling wieder zu einer Hornissenkönigin kommen!«
Ich schlucke erneut. Sooo sehr fehlt sie mir nun auch wieder nicht. ✎

♥ gegen langeweile ♥

Wenn's mal langweilig ist ...

Hand aufs Herz. Nicht immer ist man gleich stark ineinander verliebt. Manchmal hat man sich auch wenig zu sagen. Keine Panik, das ist normal. Hier einige Anstöße für einen gleichwohl spannenden Abend.

♥ gegen langeweile ♥

- ♥ Fingermassage
- ♥ Einander schminken
- ♥ Matratze in die Stube tragen und dort schlafen.
- ♥ Gemeinsam mit geschlossenen Augen zu Abend essen
- ♥ Einander siezen
- ♥ Bewerbungsgespräch führen
- ♥ Rollen tauschen
- ♥ Einander zum Thema »Träume« schreiben
- ♥ Sich mit verbundenen Augen durch die Wohnung/den Garten führen lassen
- ♥ Etwas vorlesen
- ♥ Ohrläppchenmassage

»Wenn ein Mann
zurückweicht,
dann weicht er zurück.
Eine Frau weicht
nur zurück, um besser
Anlauf zu holen.«

Zsa Zsa Gabor

frauenpalaver

ಊ frauenpalaver ෆ

Die oberen Zehntausend

SIE Die Einladung an eine Lesung ins Engadin ist ein Traum: Einquartiert haben uns die Veranstalter in Pontresina, in einem Luxushotel mit fünf Sternen. Das ist wie Flitterwochen. Der Wahnsinn! Als wir mit unserem etwas verbeulten und ziemlich verdreckten Auto die Einfahrt zum Kronenhof hinunterfahren, vorbei an dunklen Limousinen, fühle ich mich zwar im falschen Film, aber nicht unwohl. Erst recht, als ein Portier unsere Türe öffnet und uns willkommen heißt. Drinnen dann: monumentale Kronleuchter, üppige Blumenbouquets, Pianomusik, antike Möbel in der Hotelhalle. So viel Pracht und Prunk! Ich staune und schwelge. Für den Abend habe ich natürlich elegante Sachen mitgenommen. Hohe Schuhe, Seidenmantel, Schmuck; endlich eine Gelegenheit, mich so richtig aufzubrezeln. Als ich fertig bin, Schneider aber immer noch in Unterhosen vor dem Fernseher hängt – »Fernseher, Bundesliga, super!« –, beschließe ich, schon mal in die Hotelhalle an die Bar zu gehen. »Du kommst dann auch bald, heute Abend will ich unbedingt teure Leute beobachten.«
Schneider nickt und murmelt bei meinem Anblick: »Gut siehst du aus!« Wehe, er macht jetzt einen auf Langweiler und schläft vor dem Fernseher ein! Damit das nicht passiert und er mir bald folgt, seufze ich: »Irgendein netter Millionär wird sich schon finden, mit dem ich mich unterhalten kann, bis du bereit bist.«

ER Schreiber war ganz scharf drauf, sich in ihr elegantestes Kleid zu stürzen und in die Hotelhalle des Fünfsternehotels zum Apéro zu stöckeln. »Wir stellen uns dann unauffällig mit dazu«, meinte sie kichernd, bevor sie mich in unserem riesigen Zimmer alleine ließ.
Von wegen!
Ich fühle mich deplatziert unter diesen Leuten. Es wäre mir hier mit der Bundesliga im Bett bedeutend wohler – aber schließlich stehe ich auf. Ich muss schauen gehen, dass sie sich keinen Millionär angelt.
Ich blicke in den Koffer. Warum habe ich kein teures Markenhemd? Und diese Hosen! Waren vor zehn Jahren in Mode! Meine Schuhe glänzen zwar schwarz, aber ein Kenner sieht sofort, dass sie nicht teuer waren. Der Blick in den Spiegel hebt meine Laune nicht.
Trotzdem – ich muss markieren!
Etwas nervös mache ich mich auf den Weg zu den oberen Zehntausend. Möglichst unauffällig blicke ich an die Bar und sehe Schreiber: Sie steht unbefangen da, inmitten von Schönen und Reichen und nippt souverän an einem langstieligen Glas.
Ich gehe so locker wie möglich auf sie zu. Ist nicht meine Welt. Ich war nicht in Zuoz auf dem Internat, habe keine Eigentumswohnung in Nizza und spiele nicht Golf.
Schreiber strahlt mich an. Ihr würde man es glatt abnehmen, dass sie voll und ganz dazugehört. Wenigstens bis zu dem Augenblick, als sie mir den Fotoapparat in die Hand drückt und viel zu laut sagt: »Machst du hier bitte ein Foto von mir?« ✂

❦ frauenpalaver ❦

Aus mit jung

SIE Ein Abend in der großen Stadt: Ich bin mit meinem Patenkind, das längst kein Kind mehr ist, in Zürich unterwegs. Zuerst gehen wir ins Theater, dann ist Sushi angesagt. Sie zückt das Handy und kriegt heraus, wo in New York Sushi-Bars zu finden sind. Das ist uns ein wenig zu weit weg – wir entdecken einen trendigen Japaner um die Ecke im Kreis 5.

Das Essen kommt auf dem Fließband, die Getränke bestellen wir per Fingertipp auf einem Bildschirm. Kurz danach bringt uns eine echte Frau eine echte Lime-Ginger-Limonade.

Wir amüsieren uns köstlich. Ich tauche in die Welt der Jungen ein, erfahre, dass unser Treffen nur das Vorspiel zu einer langen Nacht ist, denn mein Patenkind hat für später diverse Einladungen. Für dann, wenn ich in meinem Bett liege.

Wir spielen mit dem Computer am Tisch, durch den man andere Gäste kontaktieren kann. Sie zeigt mir, wie das geht: Der Mann hinten rechts sieht irgendwie ein bisschen einsam aus – klick, die Nachricht ist weg.

Wir kichern wie die Teenager. Dann tippt sie auf ihrem Handy herum und verkündet, dass ich zu Fuß sieben Stunden und acht Minuten von der Josefstraße bis in mein Bett hätte.

Ich nehme stattdessen kurz vor Mitternacht das Auto und fahre trällernd heim.

Schneider wird sich freuen, wie mich ein Abend mit einer Achtzehnjährigen wieder jung gemacht hat. ✒

frauenpalaver

ER »Hast du deine E-Mails schon abgerufen?«, fragt Schreiber, als sie mich am Vormittag im Büro anruft.
»Und du, bist du endlich aufgestanden?«
»Schon lange«, antwortet sie. »Hat sie dir gefallen?«
»Die kitschige Grußkarte? Wo seid ihr zwei denn gestern Abend gewesen, dass du mir eine Mail schicken konntest? In einem Internet-Café?«
»Viel besser! In der Sushi-Bar, in der wir essen waren, hatte jeder einen Computer am Platz. Da habe ich dir eine japanische Karte geschickt. Ich dachte, sie würde dir gefallen.«
»Hm«, brumme ich.
»Ist eine Glückskarte, weißt du?« Schreiber sprudelt. »Das war so lustig! Da kann man mit anderen in der Bar per Computer Kontakt aufnehmen.«
»Das hast du getan?«
»Na klar!«
»Wie bitte?«
»Natürlich nicht mit jedem«, lacht sie. »Ich bin doch kein Teenager mehr, der Leute via Netz kennenlernen will.«
Ich räuspere mich. Da übermannt mich doch grade ein kleiner Eifersuchtsanfall!
»Du bist doch nicht etwa eifersüchtig?«, fragt sie.
»Ich? Vergiss es! Höchstens aufs Sushi-Essen«, füge ich an.
»Na, dann geh doch auch mal wieder nach Zürich. Kannst mir dann auch eine hübsche Grußkarte per Mail schicken.«
Pfff, für solche Kindereien bin ich zu alt. ✂

ಏ frauenpalaver ಐ

Ausflug mit Beule

SIE Das Telefon klingelt. Schneider ist dran: »Du, wir kommen jetzt schon nach Hause. Hatten gerade einen kleinen Unfall, nicht der Rede wert, aber Alma hat eine Beule. Sie freut sich bestimmt auf dich!« Er ruft mich an wegen einer Beule, die nicht der Rede wert ist?
Was ist sie dann?
Kurz danach höre ich, wie unser Auto vorfährt.
»Ihr seid aber schnell da!«, rufe ich. Meine Tochter kommt herein, schaut mich mit geröteten Augen an, ihr Kinn zittert, sie schluchzt leise: »Bin die Treppe runtergefallen.«
Auf ihrer Stirn ist keine Beule – sondern ein hühnereigroßer blauvioletter Turboklumpen! Als sich meine Süße umdreht, das T-Shirt hochhebt und mir die Schramme am Rücken zeigt, wird mir übel. Was sag ich Schramme: ein handtellergroßer, angeschwollener Bluterguss! »Oh, oh!«, sage ich. Meine Tochter schluchzt lauter, ich nehme sie vorsichtig in die Arme, zische Schneider an, er solle das Eispack aus dem Tiefkühler holen und die Notfalltropfen, aber ein bisschen dalli!
Während ich Alma verarzte, erklärt Schneider: »Sie ist über ihren Pulli gestolpert und hat einen richtigen Salto geschlagen, fast wie im Zirkus!«
Ein richtiger Salto?
Wie toll!
Jetzt erwartet er wohl, dass ich in die Hände klatsche. Aber am liebsten würde ich ganz woanders hin klatschen: dem Herrn Zirkusdirektor eins an die Birne! ✐

ER Schreiber kann schon ganz schön Theater machen: »Gott, sieht das schlimm aus, du Ärmste, hoffentlich müssen wir nicht ins Krankenhaus!« So was ist natürlich die komplett falsche Reaktion auf ein kleines Missgeschick. Denn seither schluchzt und schnieft die Kleine erst recht. Schreiber schickt mir im Sekundentakt böse Blicke zu, die sagen: Du Rabenvater! Lässt unser Kind die Treppe runtersegeln und tust so lässig, dabei hätte sie sich das Genick brechen können!
Ja, ja, ich Rabenvater! War auch zu blöd von mir, dass ich meine Tochter singend und lachend mit dem Pulli in der Hand die Treppe runterstürmen ließ. Wie konnte ich nur! Aber bei mir dürfen unsere Mädchen eben so durch die Welt gehen, wie es ihnen gefällt! Ich verbiete nichts, nur weil es eventuell mal etwas gefährlich werden könnte: klettern, rennen, einhändig Velo fahren.
Außerdem: Eine Beule auf der Stirn ist ein Zeichen für Mut und Tapferkeit und beeindruckt andere Kinder. Genau das habe ich auch Alma erklärt, als sie nach ihrem Sturz blass und schluchzend am Boden saß. Sie hörte zu, schluckte die Tränen runter und konnte es dann kaum abwarten, ihrer Mama ihre Blessuren zu zeigen.
Doch was wird wegen Schreibers hysterischen Seufzern aus einem tapferen Mädchen mit Beule? Ein Häufchen Elend. ✂

꽃 frauenpalaver ❀

Der Beschützer

ER Wir liegen im Bett. Schreiber mit Pyjama unter der Decke, ich ohne Pyjama auf der Decke. Schlafen kann ich nicht. Es ist zu warm.
»Ich mache jetzt die Fensterläden auf, hier drinnen herrscht eine Affenhitze«, sage ich.
»Bloß nicht!«
Immer ist sie am Frieren. »Dann zieh dir halt Socken an«, sage ich.
»Ich habe nicht kalt.«
»Was hast du dann?«
»Man kann in unser Schlafzimmer schauen.«
»Es spazieren ja auch jede Nacht Hunderte von Menschen an unserem Zimmer vorbei.«
»Du lässt die Läden bitte so, wie sie sind!«, sagt sie forsch.
Ist das stickig! Schon allein wegen unseres Temperaturempfindens brauchen wir irgendwann mal getrennte Zimmer. Zudem mag ich's dunkel, sie hell.
Nein, so geht das nicht. Ich stehe auf und will wenigstens die dünnen Vorhänge zurückschlagen, als ich im Licht der Straßenlaterne Unglaubliches sehe: eine Schnur, die sich vom geschlossenen Fensterladen zum Stuhlbein in der Zimmerecke spannt. An der Schnur hängen unsere Serviettenringe aus Silber.
»Was ist denn das?«, rufe ich erstaunt.
»Meine Alarmanlage gegen Einbrecher. Wenn jemand den Laden öffnet, scheppert es«, tönt es leise vom Bett her.
Ich bin etwas pikiert: »Du brauchst keine Sicherheitsmaßnahmen, du hast doch mich!«
»Auf meine Konstruktion kann ich mich verlassen.«
Ein Serviettenring schenkt ihr mehr Vertrauen als ich!
Wenn das so ist, kann ich wirklich woanders schlafen. ✂

SIE Als Teenager radelte ich nachts durch Münchens Englischen Garten und dachte keine Sekunde an üble Kerle. Mit zwanzig fuhr ich alleine mit der Untergrundbahn durch New Yorks düstere Quartiere – auch absolut kein Problem.
Und heute? Heute bin ich doppelt so alt und doppelt so ängstlich. Dabei leben wir an einem friedlichen Ort, wo es nichts zu holen gibt. Trotzdem zurre ich zur Sicherheit seit kurzem eine Klimperschnur an unsere Fensterläden. Schneider findet das völlig übertrieben – und mich reichlich hysterisch. »Hier kennt jeder jeden, da passieren solche Sachen nicht«, behauptet er.
Träumer! Im Nachbarhaus wurden schon die Fensterscheiben angeritzt, aber davon will er natürlich nichts wissen. Schnarchen statt sichern, heißt seine Devise.
»Ich bin jedenfalls viel entspannter, seit meine geniale und kostenlose Alarmanlage in Betrieb ist«, erkläre ich ihm. Außerdem kommt durch die Läden genug frische Luft, Schneider übertreibt mit seinen Hitzewallungen! Ich will weiterschlafen, doch plötzlich scheppert in der Küche etwas. Ich schrecke auf: »Was war das?«
»Keine Ahnung, aber du machst mich noch ganz verrückt mit deiner ständigen Angst.«
»Gehst du mal nachschauen?«, bitte ich Schneider.
»Ich? Warum ich?«, kommt seine Antwort aus dem Dunkeln.
Mein mutiger Mann!
Da lobe ich mir meinen Einfallsreichtum. Ich greife unters Bett und reiche ihm einen Hammer: »Damit du uns besser beschützen kannst!«

൞ frauenpalaver ൝

Ich mach das!

SIE Zwei Meter auf einen Meter sechzig. Nahtzugabe. Saum zehn Zentimeter breit. Ich schneide zügig durch den weißen Stoff. Ich habe meine alte Nähmaschine in Betrieb genommen und freue mich darauf, einen Ballen Baumwolle in Vorhänge zu verwandeln. Mein Liebster wollte die Vorhänge von einem Profi machen lassen. Aber dazu bin ich zu ehrgeizig. Was er spöttisch mit einem »knauserig« kommentierte.
Soll er doch. Früher habe ich oft genäht, da sind Vorhänge doch wirklich kein Problem.
Ich gebe Gas, die Nadel rattert los. So macht das richtig Spaß.
Die gute Bernina funktioniert prächtig, obwohl sie jahrelang stillstand. Nach einer Stunde sind die ersten beiden Vorhänge fertig. Ich hänge sie an unsere Stangen im Wohnzimmer. Sehen gut aus. Oben jedenfalls. Unten ist einer ein bisschen länger als der andere. Merkwürdig. Ist unser Boden schief? Hat Schneider die Stange schräg montiert? Stimmt mein Metermaß nicht?
Ich kann mir das einfach nicht erklären. Da sieht Schneider mein Werk und meckert: »Die sind nicht gleich lang!«
»Sind wir doch auch nicht«, sage ich und gebe meinem kleinen Italo-Schweizer von oben einen Kuss auf die Stirn, »und trotzdem passen wir gut zusammen.«

ER Schreiber ist Deutsche. Eine sehr kostenbewusste! Neben viel Liebenswertem hat Schreiber zwei typisch deutsche Eigenheiten, an die ich mich nur schlecht gewöhnen kann. Da ist erstens mal dieses gigantische Selbstbewusstsein. Bei ihr äußert sich das darin, dass sie glaubt, sie könne alles – sie brauche nur mal eben einige Minuten Zeit dafür. Zweitens hat sie in gewissen Dingen eine Geiz-ist-geil-Mentalität. Die besagt:

a) es gibt keine Qualitäts- sondern nur Preisunterschiede,
b) teure Produkte werden von Halsabschneidern verkauft,
c) Billiges von Menschenfreunden.

Ich bin kein Deutscher und sehe das anders.
Was nichts nützt.
Schreiber kam nämlich mit vielen günstigen Vorhangstangen nach Hause. Ich machte den Vorschlag, wenigstens die Vorhänge von Profis anfertigen zu lassen, was Schreiber als Beleidigung auffasste: »Willst du damit sagen, ich könne das nicht? Und weißt du, wie viel das kostet? Nein, nein, du wirst staunen, mein Lieber, was ich an unsere Fenster zaubere.«
Da hängt sie nun, ihre Zauberei, und zwar recht schief. »Wollen wir nicht doch Vorhangprofis fragen?«, wage ich deshalb erneut einen Versuch. Schreiber ist um keine Antwort verlegen: »Warum? Je länger sie hier hängen, umso besser wissen wir, was wirklich passt. Vertrau mir.«
Na gut, vertrau ich ihr nochmals eine Weile lang.
Auch Deutschland funktioniert ja irgendwie. ✂

☙ frauenpalaver ☙

»Bitte bleiben Sie am Apparat«

ER Ein Sprichwort sagt: »Alles kommt zur rechten Zeit für den, der warten kann.« So warte ich also auf die rechte Zeit und halte mir den Hörer ans Ohr. Ich warte darauf – und das schon eine gehörige Weile –, meinem Mobilfunkanbieter eine neue Rechnungsadresse mitzuteilen. Bisher erfolglos.
Also warte ich weiter.
Ich warte.
Und warte.
Auf dem karierten Block auf dem Pult entsteht in der rechten oberen Ecke eine Blume. Zwei Blumen. Ein üppiger Blumenstrauß.
Habe ich nicht immer pünktlich die Rechnungen bezahlt? Darf ich jetzt nicht einen prompten Service erwarten?
Nun entsteht ein Haus. Es wird größer. Breiter. Höher. Ich schaue zu, wie der Stift in meiner Hand Türmchen zeichnet. Aus dem Haus wird ein Schloss. Ein schönes Schloss.
Arbeitet überhaupt jemand? Oder ist in Indien gerade Mittagspause?
Ich zeichne einige Rosen an die Schlossmauern. Nach einer Weile ranken die Rosen in die Höhe.
Hat uns nicht kürzlich die Konkurrenz ein lukratives Angebot gemacht?
Die Rosen überwuchern das Schloss.
Ich kann gut auch ohne Handy leben, im Fall! Dann kriegt ihr nie mehr einen Rappen von mir!
Ich blicke auf den Block: Das Schloss ist kaum noch als solches zu erkennen. Stattdessen sehe ich, was ich unbewusst gezeichnet habe: Dornröschens Märchenschloss.
Die hat hundert Jahre auf Erlösung gewartet!
Ich lege auf. ✂

SIE Geld sparen macht Spaß. Darum habe ich mein Handy-Abo umgewandelt. Ab sofort kann ich meine drei Lieblingsnummern gratis anrufen. Eine davon habe ich jetzt gewählt: »Weißt du, dass wir gerade kostenlos telefonieren?«, frage ich meinen Liebsten, der bei der Arbeit ist.
»Weißt du, dass ich im Augenblick gar keine Zeit dafür habe?«, antwortet er missmutig. Sein Standardsatz, denn er telefoniert ungern. Nicht mal, wenn es gratis ist.
Trotzdem ist er neugierig: »Kostenlos? Wie hast du das hingekriegt?«
»Ich habe in der Zentrale angerufen.«
»Und einen Tag lang gewartet, bis jemand abgehoben hat?«
»Quatsch, ich habe keine Zeit, den ganzen Tag am Telefon zu hängen«, sage ich.
»Dann hattest du Glück!«
Glück? Nein, Köpfchen! »Weißt du, mein Lieber, wenn die automatische Stimme fragt: »Sind Sie Abonnent bei uns …«
»… was du bist …«, unterbricht Schneider.
»… genau, dann habe ich ›Nein‹ geantwortet und Taste 1 gedrückt! Nach einem Tuten war sofort jemand dran. Genial, gell?«
Schneider brummt: »Du hast geschwindelt! Du, ich muss jetzt! Tschüss!«
Kein Problem, ich habe ja noch zwei weitere Gratisnummern: Meine Freundinnen haben bestimmt mehr Zeit, Geld zu sparen.

ಸಿ frauenpalaver ಲ

Zeckenalarm

SIE Ich weiß, dass mein Liebster mich nicht versteht. Jedenfalls nicht in diesem Punkt. Oder Pünktchen müsste ich vielleicht sagen, denn es geht um Winziges: um Zecken.

Mit jedem anderen Tier kann ich mich anfreunden, nur nicht mit diesen Biestern. Darum beginne ich unseren Sonntagsausflug in den Wald mit dem üblichen Präventionsprogramm. Zuerst gibt's homöopathische Kügelchen für alle, dann wird heftig gesprüht: Nacken, Kniekehlen, Hand- und Fußgelenke und zum Finale ein paar Spritzer auf die Kleider.

Schneider hustet. »Willst du uns vergiften?«

»Quatsch, das ist bio! Ich sorge vor!«

»Und ich sorge mich um dich. Vor lauter Angst vor den Zecken gehst du bald nicht mehr aus dem Haus.«

Im Gegensatz zu ihm weiß ich, wie gefährlich die Viecher sind, und erkläre: »Gerade du solltest sensibilisiert sein – du hast ja einen Fall von Borreliose in deiner Verwandtschaft erlebt!«

Er nickt: »Eben. Allerhöchstens ein Fall pro Familie ist die Regel. Statistisch gesehen sind wir überhaupt nicht gefährdet!«

Statistisch gesehen? Typisch männliche Logik! Dann soll mein Schneider doch bitte allen Zecken im Wald erklären, dass sie sich gefälligst an die Statistik zu halten haben, wenn wir an ihnen vorbeispazieren.

frauenpalaver

ER Meine Frau sitzt in der Todeszone Wohnzimmer und krault lebensmüde unseren Kater Momo, den Zeckenmagneten.

Ein Schrei, viel Hektik, eine kurze Operation, dann legt Schreiber das kleine Teil mit spitzen Fingern auf ein Papiertaschentuch. Sie schaudert: »Eklig! Sieh nur, wie der mit den Beinen rudert.«

»Vielleicht ist er eine Sie?«, sage ich, um der Situation den tödlichen Ernst zu nehmen.

Sie schnaubt, faltet das Taschentuch, marschiert zur Toilette und spült das Zecklein eiskalt ins Jenseits.

Dann kehrt sie mit dem Staubsauger zurück und saugt das Sofa zehn Minuten lang. Jeder Krümel kann schließlich eine getarnte Zecke sein. Bei diesen Monstern weiß man nie! Den Kater nebelt sie kurz vor seiner Flucht ins Freie mit irgendeinem Bio-Mittel ein. Danach zieht sie sich um und klopft die zeckenverseuchte Kleidung auf der Quartierstraße aus, in sicherer Entfernung zu unserem Haus.

Später stellt sie sich vor mich hin und sagt: »Geschafft. Jetzt haben wir Ruhe!« Sie legt ihre Arme um mich und macht Anstalten, mich zu küssen. Da stockt ihr Atem: »Da ist was!«

»Wo?«

»Hier am Hals. Schnell, ans Licht. Himmel, wenn das eine Zecke ist!«

Himmel! Wie schützt man sich gegen panische Zeckenjägerinnen? ✂

୫ଓ frauenpalaver ଓଃ

Unerreichbar nahe

SIE Nur nicht nervös werden, denke ich und schaue auf die Uhr. In knapp einer Stunde beginnt die Lesung. Ich bin hier, Schneider nicht. Er ist mit dem Zug nach Wil gereist, weil er bereits geschäftlich in der Ostschweiz unterwegs war, ich kam mit dem Auto. Wir hatten ausgemacht, dass wir telefonieren, sobald ich eintreffe. Das war vor vierzig Minuten der Fall, und ich habe seither zigmal angerufen, aber niemand geht ran. Wo steckt er?
Ist der Zug entgleist? Wurde er in einen Unfall verwickelt, sein Handy dabei zertrümmert? Liegt er im Krankenhaus und kein Mensch denkt daran, dass ich seine Frau bin und gleich so was von durchdrehe?
Hoffentlich ist nichts passiert!
Aber wenn ihm nichts passiert ist, sondern vielleicht nur der Akku leer ist, dann würde er mich doch von einer Telefonkabine aus anrufen. So Kabinen gibt's doch noch? Logisch!
Also muss ihm etwas passiert sein!
Mein Gott!
Ich renne zum Bahnhof an den Schalter, frage, ob ein Zug entgleist sei oder ein Mann abgegeben wurde. Nein, nichts dergleichen.
Ich suche jedes Restaurant rund um den Bahnhof ab, stehe frierend im Regen, wähle seine Nummer im Sekundentakt; in einer Dreiviertelstunde müssen wir auf die Lesebühne.
Dann schießen mir die Tränen in die Augen. Ich sehe mich schon mit verschmierter Wimperntusche vor dem Publikum stammeln, dass mein Schneider verschwunden sei.
Wie entsetzlich! Ich schniefe. Ich Ärmste!
Die Leute um mich herum schauen mich seltsam an und denken bestimmt, dass die Heulsuse Beziehungsprobleme hat.
Sofern ich überhaupt noch eine Beziehung habe! ✍

❦ frauenpalaver ❧

ER Ich sitze in einem Bistro in einem Altstadthaus, vor mir ein Glas Weißwein, dazu ein Teller mit Rohschinken und Oliven.
Mir geht's prächtig. Toll, diese Lesungen, so lernen wir Orte kennen wie Lohn, Buchrain, Rüdlingen oder Toffen. Oder diesmal das schmucke Städtchen Wil, das ich bisher nur vom Fußball her kannte.
Ausnahmsweise fährt Schreiber alleine mit dem Auto her und ruft mich an, sobald sie ankommt. Bis dahin genieße ich die Ruhe. Habe endlich Muße, den *Nebelspalter* gründlich zu lesen und den großformatigen *Blick* zu beurteilen. Frage mich, wo Schreiber bleibt, sonst kann sie nie früh genug vor Ort sein, aber mir ist das recht, so bleibt auch Zeit für die *Weltwoche* und das *Magazin*.
Als der Schinken alle ist, zeigt die Uhr an der Wand Viertel nach sieben. Vielleicht sollte ich mich doch langsam auf den Weg machen. Oder haben wir uns direkt im Saal verabredet? Komisch, dass sie nicht anruft.
Nun, wir treten ja erst in einer Dreiviertelstunde auf, ich habe also Zeit zum Verschwenden. Trotzdem greife ich schon mal nach dem Portemonnaie in der Jackentasche – ziehe dabei auch das Handy heraus und sehe, hoppla, dass man hier drin ja gar keinen Empfang hat. ✂

ଛ frauenpalaver ଓ

Ein flotter Wagen

ER »Findest du, ich sehe jung aus?« Schreiber steht im Wohnzimmer und schaut mich erwartungsvoll an.
Naja.
Eine heikle Frage. Vorsicht ist geboten. Bevor ich antworte, muss ich herausfinden, worum es ihr jetzt gerade geht.
»Wie meinst du das genau?«, frage ich.
Sie runzelt die Stirn: »Ganz einfach: jung oder alt?«
Ich schicke zur Sicherheit mal ein »jung!« ins Rennen.
»Jung? Du findest, ich sehe jung aus? Findest du nicht, dass ich in Wahrheit alt und abgekämpft aussehe und reif für Wellnessferien bin?«
Ich frage zaghaft: »Willst du denn Wellnessferien machen?«
»Nein.«
Ich verstehe sie einfach nicht.
»Ist das so schwer zu kapieren? Ich will einfach nur wissen, ob du mich jung oder alt findest.«
Ich versuche es diplomatisch: »Für dein Alter siehst du wirklich gut aus. Jung und frisch. Aber du bist auch …« Ich zögere. »Alt« wäre jetzt mit Sicherheit das falsche Wort. »Reif« – ja das wäre passender. Doch bevor ich meinen Satz fertig machen kann, dreht sie sich auf dem Absatz um und marschiert aus der Stube.
War wohl nicht die Antwort, die sie wollte.
Nach einem Augenblick kehrt sich mit einem Einkaufsroller im Schlepptau zurück und spaziert damit über unseren Teppich: »Und, wie sehe ich jetzt aus? Alt oder jung?«
Hoppla! »Alle anderen, die ich bis jetzt mit einem Hackenporsche gesehen habe, waren auf jeden Fall bedeutend älter als du.« ✂

ಏ frauenpalaver ಣ

SIE Ich bin verunsichert. Ich finde diesen Einkaufstrolley wirklich praktisch. Aber ich habe das Gefühl, dass mich dieses Teil um Jahre älter macht. Was sag ich? Jahrzehnte! Total unsexy!
»Stimmt doch gar nicht!«, meinte die Besitzerin von unserem Taschenladen im Ort und hielt mir einen Prospekt unter die Nase mit Fotos von chicen Frauen in Paris und New York – hinter sich immer ein Wägelchen. Eine Kundin, die unser Gespräch mitbekam, sagte übers Regal hinweg, sie hätte auch so einen Lastesel mit Rollen. Die Frau sah flott aus und war mindestens zwei Jahre jünger als ich.
Das waren doch Argumente!
Denn ich will nicht länger Tüten schleppen und meinen Rücken strapazieren, sondern gut gelaunt und beschwingt einkaufen können. Darum habe ich mir einen Hightech-Shopper mit einer Tragstärke von fünfzig Kilogramm gekauft. Ein Wahnsinnsteil!
Dieses Teil ziehe ich also im Wohnzimmer hinter mir her. Schneider grinst. Ich versuche, etwas beschwingt zu gehen. Er grinst noch immer. Entweder tausche ich das Wägelchen morgen wieder um, oder ich emanzipiere mich und pfeife drauf, was andere von mir halten.
Das Problem ist nur, dass ich nicht pfeifen kann.

❦ frauenpalaver ❧

Die wandelnde Agenda

ER Ich versuche, mich telefonisch mit einem Freund von mir auf ein Bier zu verabreden.
Er antwortet: »Warte kurz.«
Dann höre ich ihn mit seiner Frau reden: »Du, Schatz, haben wir am Freitagabend etwas vor?«
Ich verdrehe die Augen. Seit ich ihn kenne, und das ist eine lange Zeit, hat er sich nie darum gekümmert, wie seine Freizeitagenda ausschaut.
Sie sagt im Hintergrund: »Nein, das geht nicht, da haben wir doch Gäste eingeladen.«
»Ehrlich? Wen?«, fragt er verwundert.
Sie nennt ihm die Namen, fügt an, dass die Einladung seit drei Monaten stehe und dass er damals gesagt habe, er würde einen besonderen Wein besorgen für diesen Abend.
»Ach«, antwortet er, dann spricht er wieder mit mir: »Du, Freitag geht leider nicht.«
»Hab's gehört.« Wir vereinbaren einen anderen Termin, und nach Konsultation seiner Agenda, also seiner Frau, sagt er mir zu.
Es klappt. Ein Abend unter Männern!
Ich hänge ein, gehe in die Küche und lache: »Was würde er ohne seine Frau tun?«
»Wann trefft ihr euch?«, will meine Liebste wissen.
»Nächsten Montagabend.«
Sie stutzt: »Schon vergessen? Montags gehe ich mit Nicole walken!« ✄

❀ frauenpalaver ❁

SIE Schneider fragt sich, was sein Freund ohne seine Frau tun würde? Die Frage müsste vielmehr lauten: Was würde *Schneider* ohne *mich* tun? Denn ich bin es, die unsere Familienagenda führt, die daran denkt, wer zum Zahnarzt, in die Musikstunde, an eine Lesung muss. Ich weiß, wann mein Liebster Museumssitzungen (meistens donnerstags) oder Chorproben (fast immer mittwochs) hat.

Ich gebe zu: Ich merke mir nur, was ich notiere. Mein Filofax ist darum ziemlich vollgeschrieben. Schneider hat zwar auch eine Agenda, die findet er aber nie und deshalb trägt er auch nie etwas ein. Was für ihn kein Problem ist, denn er hat ja mich.

Echt ärgerlich!

Darum schlage ich vor: »Wenn du in Zukunft deinen Kumpel treffen willst, dann machen wir das so: Ich rufe seine Frau an und frage, wann er Zeit hat. Dann prüfe ich unsere Daten und gebe dir Bescheid.« So klappt das schließlich bei meinen Töchtern auch: Wollen sie abmachen, telefoniere ich mit den Müttern.

Schneider braust auf: »Geht's noch? Das ist lächerlich! Ich lass doch nicht über mich verfügen!«

Ich auch nicht. Deshalb gehe ich am Montag sporteln. Wie immer. Und falls er seinen Freund trotzdem auf ein Bier sehen will, können sie dann ja bei uns daheim anstoßen und gemeinsam die Kinder hüten. ✒

৪০ frauenpalaver ০৪

Überflüssigerweise kreativ!

ER »Geh endlich ran!«, denke ich und presse den Telefonhörer ans Ohr. Mein Ohr glüht, und ich koche innerlich. Dabei hatte alles so harmlos begonnen: »Du, ich habe im Internet eine tolle elektronische Agenda für uns gemeinsam eingerichtet. So können wir unsere Termine besser koordinieren«, sagte Schreiber stolz, bevor sie mit den Kindern zum Einkauf abrauschte.
Nun wollte ich also diese »tolle« elektronische Agenda öffnen – und der Computer verlangte nach einem Passwort. Ich gab mein übliches Passwort ein. »Nutzername und Passwort stimmen nicht überein«, meldete der Computer. Ich gab *ihr* Passwort ein, auf das sie überflüssigerweise besteht. – Negativ.
»Hallo, Liebster«, flötet endlich Schreiber.
»Hast du dir ein neues Passwort ausgedacht für diese blöde Agenda?«
»Reg dich ab!«, sagt sie und flüstert ihr geheimes Wort in den Hörer.
Ich fasse es nicht: »Was hat die Weißwurst mit unserer Agenda zu tun?«, frage ich lautstark.
»Man muss sie vor zwölf Uhr essen, das ist ein bayrischer Brauch. Und wir müssen unsere Agenda vor zwölf Uhr öffnen, um keinen Termin zu verpassen!«
Schreibersche Logik!
Ich hacke also »12 Weisswürste« in die Tastatur. Der Computer verdaut und meldet: »Nutzername und Passwort stimmen nicht überein.« ✂

frauenpalaver

SIE Ich habe einen Passwortfimmel. Für jedes Konto benutze ich ein anderes. Sicher ist sicher! Damit ich die Passwörter nicht vergesse, notiere ich sie auf Zettel, die ich gut verstecke. Zu gut. Denn ich finde die Zettel nie wieder.
Da man Passwörter zudem regelmäßig ändern sollte, um fiesen Gaunern ins Handwerk zu pfuschen, habe ich mich von meinen Lieblingswörtern »semmelKnoedel« und »SuessersenF« verabschiedet. Schade, denn diese Wörter konnte ich mir supergut merken. Als Münchnerin habe ich halt so meine Vorlieben.
Damit mein Liebster nicht unter meiner Passwortmanie zu leiden hat, habe ich für unsere gemeinsame elektronische Agenda ein idiotensicheres Wort gefunden, das ich einfach mit einer raffinierten Groß-Kleinschreibung verschlüsselt habe. Google hat mich dafür hoch gelobt, und bei meiner ersten Eingabe bekam ich die Bestnote auf der Sicherheitsrangliste.
Schneider ruft zum zweiten Mal an. Seine Stimme klingt eher nach scharfem Rettich, als nach erfrischendem Weizenbier. Ihm fehlt einfach die bayrische Gelassenheit.
»Das Passwort ist falsch!«
Ich flüstere ihm die achtzehn Buchstaben noch mal ins Telefon. Doch so ganz sicher bin ich mir jetzt grade auch nicht mehr, welche Buchstaben ich groß geschrieben habe …
»Wart mal, ich muss kurz nachdenken«, murmle ich.
Schneider schnaubt. Ich grüble.
Da fällt's mir wieder ein! Während ich ihm das Wort buchstabiere, bekomme ich so richtig Appetit auf »ZwoelfWeissWuerste«!

❧ frauenpalaver ☙

Reflexe

ER Schreiber hat Reflexe.
Aber die falschen: Wenn ich ihr überraschend einen Ball zuwerfe, dann kreischt sie, springt in die Luft, greift rudernd um sich, selbst wenn der Ball schon längst wieder auf dem Boden liegt.
Viel besser funktionieren ihre Reflexe, die sie als Mutter hat.
Da gibt es zum Beispiel den »Sorgenreflex«. Dieser setzt ein, wenn eines unserer Kinder etwas macht, was auch nur im Entferntesten gefährlich sein könnte. Rennen zum Beispiel. Schreiber ruft dann sofort: »Pass auf, dass du nicht hinfällst.«
Weiter gibt es den »Schuldzuweisungsreflex«. Dieser ist bei Schreiber besonders ausgeprägt und bedeutet eigentlich: Der Papa ist an allem Schuld. Hat eines unserer Kinder Durst, dann bestimmt, weil ich dem armen Kind seit Stunden nichts zu trinken gegeben habe. Ist ein Kind verschnupft, habe ich es zu wenig warm angezogen.
Aber auch ein Vater kann Reflexe entwickeln. In meinem Fall ist das der »Sich-aus-der-Sache-raushalten-Reflex«.
Was das genau heißt?
Lieber nichts tun, als alles falsch machen. ✂

SIE Hin und wieder beschenke ich meinen Liebsten mit freier Zeit: Ich habe ihn heute Morgen ausschlafen lassen, bin dann mit den Kindern durch unser schönes Städtchen gebummelt. Wir sind zum Kurpark-Spielplatz, haben rumgetobt, Enten gefüttert, Znüni gegessen und kamen kurz vor Mittag wieder heim. Schneider hatte also vier Stunden frei. Einfach so.
Als wir in den Garten kommen, wühlt er gerade in der Erde. Er sieht uns, lacht, winkt, bückt sich und wendet sich wieder dem Unkraut zu.
Wie soll ich das verstehen?
Wohl so: Bitte lass mich jetzt in Ruhe, ich möchte weiterarbeiten. Na super! Dabei hätte ich folgende Reaktion erwartet: »Hallo mein Schatz, vielen Dank, dass ich den ganzen Vormittag für mich hatte. Jetzt übernehme ich die Kinder. Hol dir eine Zeitung und mach's dir unterm Apfelbaum gemütlich.«
Aber er ist nun mal nicht so.
Vor kurzem hat er gesagt, ich solle ihm halt klar und deutlich sagen, was ich wolle.
Gut, genau das mache ich jetzt: »Du, ich bin seit sieben Uhr auf den Beinen, kannst du dich um die Kinder kümmern und Mittagessen machen?«
Und was habe ich nun davon, dass ich klar und deutlich bin?
Einen beleidigten Schneider. Weil ich seiner Meinung nach den falschen Ton hatte!
Wenn er anpacken soll, schnappt er ein – scheint ein Reflex bei ihm zu sein. ✒

ଓ frauenpalaver ଓ

Alleine zu Hause

SIE »Lass es dir gut gehen! Genieße den Abend! Tu, was du willst!« Schneiders Wünsche vor seiner Abreise klangen wie eine Drohung. Vielleicht hatte er im Grunde genommen gemeint: »Wehe, wenn du dich jetzt nicht erholst!« Er ist extra mit den Kindern in den Jura auf den Bauernhof von seinem Bruder gefahren – und ich habe den Abend, die Nacht und den nächsten Tag für mich alleine. Vierundzwanzig Stunden ohne Familie.
Als sie winkend davontuckerten, fühlte ich mich sehr einsam.
Ein Nutellabrot mit extra viel Butter hilft gegen Seelenschmetter. Nach dem letzten Bissen starte ich den Computer, suche auf Youtube Emiliana Torrinis Dschungellied, höre mir es zehn Mal an, tanze, es wird mir heiß. Ich schmiere ein weiteres Nutellabrot, suche nach dem Kinoprogramm in der Zeitung, die dann voller Nutella ist, rufe meine Freundin an, die aber nicht ans Telefon geht, weil sie vielleicht im Kino ist, schreibe Mails, damit ich welche bekomme, verschlinge zum Abendessen Salamibrote im Stehen, dazu süßsaure Gurken, schaue eine DVD nicht zu Ende und nasche dabei eine ganze Packung Erfrischungsstäbchen.
Jetzt ist mir schlecht.
Unschlüssig tigere ich um Mitternacht durchs Haus.
Was für ein Abend! Ich habe lauter halbe Sachen gemacht, nix richtig, nix fertig.
Aber wenigstens etwas ist mir voll und ganz gelungen: Ich habe nur getan, was ich wollte. ✎

ℰ frauenpalaver ℬ

ER Die SMS klingt vielversprechend: »Das Haus ist verwüstet, mir ist schlecht, und ich kippe jetzt ins Bett.«
Ich liebe ihre ironische Ader.
Und das kann sie einfach, das muss man ihr lassen: sich einen schönen Abend alleine machen, etwas Köstliches kochen, am Telefon plaudern, ein Vollbad bei Kerzenlicht und ein gutes Buch bei einem Glas Rotwein.
Ich bin da undisziplinierter. Als im Sommer mein Dreimädelhaus in Bayern auf Verwandtenbesuch war, versiffte ich zu Hause innert Kürze: Ich verstreute überall Kleider, stopfte Landjäger mit Mayonnaise in mich hinein, schaute Videoclips von einstigen Autorennfahrern wie Jo Siffert und Jackie Stewart, trank dabei zu viel Bier und zum Schluss wälzte ich mich schlaflos im Bett und ärgerte mich, meine Zeit nicht sinnvoll genutzt zu haben. Frustriert räumte ich das Haus vor ihrer Rückkehr wieder auf und freute mich auf meine Familie – auch wenn ich das so nicht zugab. Auf ihre Frage: »Konntest du es denn auch genießen?« nickte ich.
»Toll, dass du einen schönen Abend hattest«, tippe ich als Antwort ins Handy, schicke die SMS los und beschließe, Schreiber zu fragen, wie man alleine zu Hause einen gepflegten Abend verbringt. ✂

♥ frauenfragen ♥

Auch Frauen haben Fragen...

- Warum verwenden Männer keine Sonnencreme?

- Warum denken Männer nicht an Mitbringsel?

- Warum zünden Männer keine Kerzen an?

♥ frauenfragen ♥

- Warum lassen Männer Zimmerpflanzen vertrocknen?
- Warum sammeln Männer Comics?
- Warum vergessen Männer Geburtstage?
- Warum kaufen sich Männer Schleifmaschinen, die sie nie verwenden?
- Warum verzichten Männern für die Familie nicht auf die Karriere?
- Warum jammern Männer, wenn sie krank sind?
- Warum reden Männer nicht über Gefühle?
- Warum erzählen Männer immer die gleichen Witze?
- Warum nehmen einen Männer nicht einfach so in den Arm?

»Klug sein hat nie einen Menschen an Dummheiten gehindert.«

Stefan Zweig

ausnahmezustand

ausnahmezustand

Fehlstart

SIE Wir beginnen unsere Ferien wie immer mit einem Besuch im kleinen Dorfladen. Wie ich das liebe! Die Kinder schnappen sich einen Korb. »Dürfen wir?«, fragen sie und zeigen auf Nutella. »Aber klar, sind ja Ferien!«, sage ich.
»Und Cornflakes?«
Ich nicke lachend und zwinkere ihnen zu. Sie klatschen in die Hände. Sogar eine Flasche Cola erlaube ich ihnen. Ferien sind etwas Besonderes, und dazu gehört ein besonderer Lebensstil.
Schneider schleicht zwischen den Regalen umher und schaut missmutig. Als ich beim Zeitschriftenstand ein Pferde- und ein Prinzessinnenheft ins Körbchen lege, schimpft er: »Gibt's irgendwas, was die Kinder nicht bekommen? Du verwöhnst sie maßlos! Auch in den Ferien müssen sie sich das verdienen!«
Ich kontere: »Ach, und haben wir den Wein verdient? Und das teure Bündnerfleisch?«
Miesepeter! Da ist er mal von morgens bis abends mit uns zusammen, und sofort markiert er den konsequenten Erzieher! Ausgerechnet in den Ferien, wo wir es doch richtig locker haben könnten. Bei jedem »Ja« von mir muss ich mit seinem »Nein« rechnen.
Aber was soll's: Das sind seine typischen Startschwierigkeiten – und deshalb beginnen unsere Ferien wie immer: mit Ehekrach.

ausnahmezustand

ER »Du bist am ersten Tag einfach nie zu gebrauchen!«, schimpft Schreiber, während sie den halben Dorfladen in unseren Kühlschrank packt. »Wir haben Ferien! Sei doch locker!«
Locker? Ich bin locker! Sie hingegen ist krampfhaft verzückt, findet alles wahnsinnig super: unsere winzige Ferienwohnung, die Leute im Haus, die nicht grüßen, das Dorf, das voll schattig ist. Verdrängt sie alles! Strahlt stattdessen penetrant fröhlich, schmiedet Pläne, will grade noch auf die Skipiste und auf den Schlittelweg und in die Sauna.
Und unsere Kinder dürfen alles und müssen nichts. Sie hopsen auf den Betten rum, statt sie zu beziehen, sie rennen durch die Gänge, statt beim Auspacken zu helfen. »Ist doch toll, so lernen sie die anderen Kinder im Haus kennen«, trällert Schreiber heiter.
Und dann hat sie nicht nur die Lebensmittelregale leer gekauft, sondern auch noch zwanzig Postkarten. Am ersten Tag! Die liegen die ganze Woche auf dem Tisch. Zu Hause haben wir Schubladen voller ungeschriebener Postkarten.
Ich hasse erste Ferientage! Von null auf hundert das volle Familienleben.
»Kannst du dich nicht ein wenig zusammennehmen?«, fragt sie.
Nein. Ich werde in Zukunft besser erst am zweiten Tag anreisen. ✂

ಐ ausnahmezustand ❀

Alles fährt Lift

ER Ida Paulina ist im optimalen Alter, damit ihr Talent auf Skiern gefördert werden kann. Während Schreiber mit Alma wacker die Hänge runterrutscht, versuche ich die Kleine seit einer Stunde davon zu überzeugen, ebenfalls die Skier anzuschnallen.

»Schau mal, die Skischuhe hast du ja schon an, mit denen kann man nicht gut Bob fahren.«

Aber Ida will nicht. Sie will im Bob den Hang runtersausen und danach im Bob sitzend wieder den Hang hochgezogen werden.

»Also gut, noch einmal, ein einziges Mal«, sage ich und spiele zum zwanzigsten Mal Skilift. Weiter drüben fahren Alma und Schreiber im Bügellift nach oben. Sie winken. Wir auch.

Unten angekommen will Ida – ich fasse es kaum – tatsächlich die Skier anschnallen! Toll! Mein Ärger ist vergessen! Ich schiebe meine Tochter sanft auf dem kaum abfallenden Übungsplatz an, im Zeitlupentempo fährt sie ein paar Meter, ohne hinzufallen. Ich stolpere mit meinen Skischuhen hinterher und bin stolz.

»Super, Ida!«, rufe ich atemlos.

Sie strahlt und sagt: »Siehst du, ich kann das schon. Jetzt will ich wieder in den Bob und du ziehst mich hoch, Papa!«

Ich sehe Schreiber auf dem Weg nach oben.

Die hat's gut: Ich muss Lift spielen – sie darf Lift fahren. ✂

SIE Wir bügeln locker an. Ich halte Almas und meine Stöcke unterm Arm. Dann schiebe ich den Bügel weiter runter in meine Kniekehlen.
Vor uns im Lift lassen sich zwei Snowboarderinnen ziemlich verrenkt den Hang hinaufziehen. »Siehst du die beiden?«, sage ich lachend zu Alma. »Die haben's nicht gerade bequem!« Wie ich, denke ich.
Der Hang zieht sich. Ich gehe ein bisschen mehr in die Knie. Meine Oberschenkel brennen. Ich versuche, etwas lockerer auf den Skiern zu stehen, da verkrampft sich mein linker Fuß. Ich gebe Gegendruck, versuche, meine Position vorsichtig zu ändern, verliere dabei beinahe den Bügel. Alma kann sich gerade noch halten. Der Krampf kriecht nun meine Wade hoch.
Der Skischuh ist einfach zu eng. Habe ich an den Füßen zugenommen? Mann, tut das weh! Ich muss sofort mit dem einen Stock eine Schnalle lösen. Dabei verliere ich die anderen drei Stöcke. Alma schaut besorgt: »Ach, die holen wir nachher wieder«, sage ich, um sie zu beruhigen.
Mir wird fast weiß vor den Augen. Aber das Ziel naht. Als wir endlich abbügeln, verkante ich und falle hin. »Mama, geht's?« Alma versucht mir zu helfen. »So ein Krampf«, sage ich und sehe Schneider unten am Lift winken.
Klar. Der hat's ja auch mal wieder richtig locker.

☙ ausnahmezustand ☽

Platz für alle

SIE Ich klappe das Buch von der kleinen Hexe zu, die Kinder sind eingeschlafen. Vom Balkon her höre ich das Meer rauschen. Ich schaue kurz hinaus. Sterne am Himmel, die Brandung schäumt weiß. Ich gehe zurück in unser Zimmer, mache einen großen Schritt über unsere Tasche, die im Schrank keinen Platz mehr hatte. Dann klopfe ich an die Badezimmertüre: »Kann ich auch rein?«
»Ja, klar.«
Mein Liebster hat es sich gemütlich gemacht. Er sitzt mit Kissen und Krimi in der Duschkabine und sagt: »Ich dachte, dass du vielleicht lieber auf dem Klo sitzen willst, da ist auch das Licht besser.«
So ein Schatz!
Ich schleiche zurück ins Zimmer, hole mir ebenfalls Lektüre, die Kinder liegen schlafend im Ehebett. Eigentlich wollten sie ja in den Stockbetten übernachten. »Viel zu gefährlich«, fand ich und kletterte selbst hinauf. Mir wurde schwindlig. Der Einzige, der dort schlafen darf und kann, ist Schneider. Dummerweise haben diese Höhenbetten aber keine Nachttischlampen.
Ich gehe zurück ins Duschklo, unserem Lesezimmer, gebe Schneider einen Kuss und sage: »Ist das nicht herrlich friedlich hier?« Dann nehme ich Platz und lehne mich zurück.
Die Spülung rauscht los.

ER Ferien sind für mich immer etwas Besonderes: Ich plane die Hinfahrt präzis, berücksichtige die Staus rund um Mailand, rolle durch den Morgenverkehr von Venedig und mache am Steuer Zeitung lesenden Italienern auf der Überholspur Platz. Wie das Leittier meiner kleinen Sippe fühle ich mich, unterwegs auf einem achtspurigen Wildwechsel.
Am Ziel dann die Zweifel: Habe ich mir das gewünscht? Seit Jahren beziehen wir im Herbst jeweils in Caorle für einige Nächte aus purer Nostalgie – und weil Schreiber es so gemütlich findet – das gleiche Familienzimmer: zwölf Quadratmeter, vier Betten, eine Dusche.
Tagsüber ist es ja lustig. Wir spazieren Muscheln suchend und spielend über den weiten Strand oder bummeln durch die Altstadt mit den bunten Häusern. Doch am Abend wird es eng. Die Kinder schlafen, wir lesen auf dem Klo ein Buch.
Ich erinnere mich wehmütig an unsere früheren Reisen zu zweit. Waren das intensive Liebesferien! Aber ein Familienzimmer Marke Kaninchenstall merzt erotische Gefühle gründlich aus. Höchstens aus Aggression knabbert man einander an, weil diese Platzverhältnisse einfach nicht artgerecht sind. Statt erotischer Fantasien wälze ich deshalb anderes im Kopf: den präzisen Fahrplan für die Heimreise. ✂

ஐ ausnahmezustand ௰

Geballte Sammelwut

ER Auf der Piazza gibt es ein Internet-Café, in dem ich zum ersten Mal ins Netz gehe. Denn wir lösen die Streitfrage, ob sammeln gesund ist oder eher krank.
Wikipedia soll's richten. Ich lese Schreiber vor:
»Sammeln entspannt und wirkt Hektik und Stress entgegen. Das Sammeln bestimmter Objekte verhindert Langeweile und Untätigsein. Sammeln dient der persönlichen Weiterbildung in der Freizeit, da sich Sammler in der Regel mit historischen, kunsthistorischen und geografischen oder technischen Aspekten ihrer Sammelobjekte auseinandersetzen.« Ich blicke zufrieden vom Bildschirm auf.
»Ach, du setzt dich mit dem kunsthistorischen Aspekt der Muschel auseinander?«, fragt Schreiber.
»Nein. Ich finde es spannend, Muscheln zu suchen! Und die Kinder übrigens auch. Nur du nicht!«, sage ich.
»Genau!«, eifert sie sich und fährt fort: »Wir haben zu Hause drei Säcke voller Muscheln! Einige davon stinken, als würde sich in unserem Schuppen ein toter Thunfisch zersetzen! Deshalb möchte ich, dass du am Meer auch mal was anderes machst, als nur mit gesenktem Kopf durch den Sand zu schlurfen und Muscheln aufzulesen!«
Kein Problem. Mir persönlich sagt auch Schwemmholz zu. ✂

SIE Der Strand von Caorle ist ein Traum. Lang. Breit. Feiner Sand. Spielplätze. Liegestühle und Klettertürme. Diese werden von unseren Kindern belagert, während Schneider wie ein Besessener Muscheln sucht. »Das ist evolutionsbedingt!«, behauptet er.
Als wir abends an einem Internet-Café vorbeispazieren, will er es mir beweisen. Sein Vorhaben wandelt sich allerdings zum Bumerang. Ich lese ebenfalls: »Menschen, die von ihrem Alltag überfordert sind, flüchten ins Sammeln, weil sie sich dort auf einem eingeschränkten Betätigungsfeld bewähren können.« Oder: »Angst vor sozialen Kontakten führt zu einer bevorzugten Beschäftigung mit Gegenständen.« Und: »Menschen, die im Alltag nicht ausreichend Bestätigung und Anerkennung erfahren, bekommen diese mithilfe ihrer Sammlung im Kreise anderer Sammler.«
Ich zweifle, ob ich weiterlesen soll – und mache es natürlich doch: »Sammler können Menschen sein, die in ihrer Kindheit Mangel erfahren haben.« Meine Güte, Schneider! Ich lese den Schlusssatz: »Freud sieht das Sammeln als Ersatzbefriedigung zur Kompensation unerfüllter sexueller Wünsche.«
Jetzt wird mir manches klar: Es muss am winzigen Familienzimmer in unserem Hotel liegen.

ೞ ausnahmezustand ೡ

Wir zahlen, bitte!

SIE Schneiders italienische Lieblingstante Zia Ida bekocht und verwöhnt uns. Alma darf in der Bar mithelfen, Ida spielt mit Schoßhund Melinda, sie bekommen Geschenke, als wäre Weihnachten im Sommer.
»Wie können wir uns bei ihnen bedanken?«, frage ich meinen Liebsten.
»Schwierig, schwierig. Den Wein, den ich ihnen immer mitgebracht habe, rühren sie nicht an.«
»Wir könnten ein teures Schaumbad kaufen.«
»Davon hat mein Onkel nichts.«
»Schokolade?«
»Hätten wir aus der Schweiz mitbringen sollen.«
Ich frage mich: Wie beschenkt man Menschen, die mit Geschenken nichts anfangen können?
»Geld?«
»Einfallslos.«
Schneider schüttelt den Kopf und sagt dann: »Wir versuchen wieder mal, sie zum Essen in die Villa Curtis einzuladen.«
Oje, das habe ich befürchtet!
Beim vorletzten Mal bestellten Zia Ida und Zio Renzo nur gerade ein Salätchen, um nicht in unserer Schuld zu stehen. Das letzte Mal haben sie sich vor unseren Augen mit dem Chef arrangiert und das ganze Essen gegen unseren Willen bezahlt.
»Wäre ein Geschenkgutschein nicht besser?«, wende ich ein. »Dann sind wir sicher!« Schneider blickt entschlossen: »Wir schaffen das!«
Gemeinsam hecken wir unseren Plan aus: Er bewacht seine Verwandten, ich bezirze den Kellner.

∽ ausnahmezustand ∾

ER Die vierte Vorspeise wird serviert: Tintenfischcarpaccio an Balsamico auf Rucola. Es schmeckt grandios, meine Verwandten greifen zu, die Kinder sind brav. Der Abend scheint zu gelingen.
Was nicht selbstverständlich ist: Eine halbe Stunde vor Aufbruch wollte meine Tante plötzlich nicht mehr in dieses wunderbare Restaurant in einem alten Palazzo, sondern in die billigste Pizzeria im Dorf. Bloß, weil ich noch mal klar sagte, dass *wir* sie einladen würden. Keine Ahnung, was dieser Reflex der italienischen Seele soll, sich gegen Einladungen zu wehren!
Ich muss also auf der Hut sein und damit rechnen, dass mein Onkel – so wie letztes Mal – hinter meinem Rücken die Rechnung bezahlen will. Aber diesmal habe ich vorgesorgt: Meine Kreditkarte hat Schreiber beim Kellner deponiert. Zur Sicherheit habe ich mir noch sein Versprechen eingeholt, dass *ich* zahle und sonst niemand!
Das Essen mundet mir, allerdings bin ich auf der Hut. Als Zio Renzo auf die Toilette geht, gehe ich mit. Er grinst, ich auch. Als er am Buffet Zahnstocher holt, rennt ihm Schreiber hinterher. Als sein Handy losheult, höre ich ihm zu und lasse ihn erst auf die Terrasse raus, als ich weiß, dass ein Arbeitskollege dran ist.
Nach zwei Stunden genießen wir satt und zufrieden Grappa.
Ich winke den Kellner herbei, er fragt, was ich wolle.
Zahlen natürlich!
»Mi dispiace«, meint er und legt meine Kreditkarte auf den Tisch. Die Rechnung sei bereits beglichen.
Schreiber blickt genervt, meine Verwandten strahlen. Und ich find's, porca miseria, überhaupt nicht lustig! ✂

 ausnahmezustand

Frauenhumor

SIE Wir fliegen nach Schweden zu Pippi und Co. und hin zu meinen Wurzeln: Meine Großmutter war Stockholmerin. Schweden ist für mich das zweitschönste Land der Welt. Das Schönste ist die Schweiz. Und wie es sich gehört, hat die schöne Schweiz auch die schönsten Pässe: rote, elegante Büchlein mit diskretem weißem Kreuz. Ein ästhetisches Meisterstück! Ich finde, dass diese Pässe kein Verfallsdatum haben sollten.
Das findet die Frau in der Notfall-Passabteilung am Flughafen nicht. Sie mustert den Pass meiner Tochter, als hätte er die Vogelgrippe.
»Ist ungültig. Vor einem halben Jahr abgelaufen.«
Ich weiß, darum bin ich ja jetzt hier.
Sie fragt: »Verheiratet?«
»Meine Tochter? Nein, noch nicht.« Ich lache sie freundlich an und sage: »Ich? Ja, sogar glücklich.«
Woran sie zweifelt, denn grimmig fragt sie: »Foto?«
»Von meinem Mann?«
Mein Scherz lässt Frau Notfall kalt: »Von ihrer Tochter!«
Wer hat schon ein Passfoto von seinen Kindern einfach so in der Tasche? Ich nicht. Ich schaue auf die Uhr: In vierzig Minuten startet unsere Maschine. Das wird knapp. Zu allem Übel ist zudem mit meinen Daten etwas krumm. Die Frau in Uniform starrt auf den Bildschirm und schüttelt den Kopf. Ich kriege weiche Knie. »Reisen Sie mit Ihrem Mann?«, scheppert ihre Stimme. Hoffentlich, denke ich und sage deutlich: »Ja.«
Dann lässt sie den schönen Pass meiner Tochter in der Schublade verschwinden. »Aber Sie heißen anders?«
Das ist doch erlaubt, in welcher Zeit lebt diese Frau eigentlich? Ich fühle mich wie eine Schwerverbrecherin. Falls sie mich festnehmen will, werde ich ihr sagen, dass sie meinen Mann nehmen soll. Er war es nämlich, der

die Pässe unbesehen eingepackt hat. Und als gebürtiger Eidgenosse bekommt er bestimmt bessere Haftbedingungen.
Dann kann er in Ruhe hinter Schweizer Gardinen darüber nachdenken, wie schön es jetzt hinter schwedischen wäre. ✑

ER Die Kinder sitzen mit den Großeltern in einem Café des Flughafens und warten. Ich warte vor der Türe des Passbüros.
Unfassbar.
Warum passiert immer uns so unmögliches Zeug? Wenn Schreiber da drin nicht erfolgreich ist, dann können wir unsere Schwedenreise vergessen!
Wie hat die Dame am Check-in-Schalter gesagt, die das Ablaufdatum kontrolliert hat? »Schreiben können Sie. Aber verreisen? Vielleicht sollten Sie sich in Zukunft eher Uhu-Ferien überlegen.«
»Uhu-Ferien?«, fragte ich.
»Ja: *u*ms *H*us *u*me, haha, sagen Sie bloß, das hätten Sie noch nie gehört.« Die Dame lachte laut.
Wirklich lustig! Die haben echt Humor hier am Flughafen.
Ich schaue auf die Uhr. Schreiber ist seit einer Viertelstunde drin. »Lass mich das mal alleine machen, du flippst ja immer gleich aus, wenn du Uniformen siehst«, hatte sie gesagt.
Da geht die Tür auf. Endlich! Schreiber tritt heraus und …: »Nichts zu machen. Ohne Foto kein Pass. Jetzt wollen sie auch noch dich vernehmen.«
Ich fasse es nicht! Vernehmen! Ich geh fast in die Luft: »Ich sag denen mal was! Ich bin Schweizer, das ist meine Tochter und dort steht unser Flieger!«
Meine Liebste bremst mich, zückt einen rotweißen Pass aus der Tasche, wedelt damit vor meiner Nase und ruft: »Heja, Schweden, wir kommen!«
Weiblicher Humor kann mir für heute endgültig gestohlen bleiben! ✄

ಬಿ ausnahmezustand ಚಿ

Männer an Bord

SIE Ich sitze mit den Kindern beim Kapitän in der Kabine des Fischerbootes. Spannend, wie er auf dem Bildschirm seines Bordcomputers Pipelines und Felsen unter Wasser sehen kann. Er erklärt mir die Symbole, zwinkert meinen Töchtern zu und hält das Steuer fest im Griff.
Draußen hält sich Schneider an der Reling fest und unterhält sich angeregt mit einem jungen Deutschen.
Ich winke Schneider zu. Er nickt kurz.
Wir tuckern an unzähligen Inseln vorbei, entdecken hübsche rote und weiße Holzhäuser. Ein Bilderbuch-Traum, diese Schärenküste bei Göteborg!
Der Kapitän schlägt vor, mit uns weiter hinauszufahren. Es könne allerdings ein bisschen turbulent werden, es herrsche vermutlich etwas raue See. »Kein Problem«, antworte ich. Die Kinder und ich haben vorgesorgt und Tabletten gegen Übelkeit genommen. »Du mit deiner Angst«, meinte Schneider spöttisch dazu. Ihm mache so was nichts aus. Er habe sich früher kopfüber an Seilen Staumauern runtergestürzt, ohne sich je zu übergeben!
Schön für ihn.
Der Kapitän gibt Gas. Das Boot schwankt kräftig. Die Kinder kichern, als ich von der Bank dem Kapitän vor die Füße falle.
»Halt dich gut fest«, rufe ich aus der Fensterluke.
Schneider verzieht keine Miene.
»Komm doch rein! Ist gemütlicher hier drin.«
Er klammert sich ans Geländer. Gischt spritzt in sein Gesicht.
Typisch Mann. Beide markieren die harten Seebären, keiner gibt nach – und meiner glaubt, mich damit auch noch zu beeindrucken.

ER Das Boot springt über die Wellen, ich fixiere den Horizont und konzentriere mich.
»Die härteste Überfahrt war die von Wilhemshaven nach Halifax, Kanada«, erzählt Uwe. »Dreizehn Tage Sturm! Eigentlich war der Atlantik gesperrt, aber die deutsche Marine kümmerte sich nicht darum.« Er lächelt. Ich nicht. Uwe macht mit uns diesen Ausflug durch die Schären an Schwedens Westküste mit. Er hat bis vor kurzem dreiundzwanzig Monate auf einem Kriegsschiff gedient.
»Die Wellen waren neun Meter hoch!«, schreit Uwe gegen den Wind.
Hier sind sie einen Meter hoch und mir ist speiübel.
Uwe lacht: »Essen ging so: mit einer Hand den Tisch, mit der anderen das Essen halten, zwischendurch die Nudeln in den Mund stopfen.«
Haha!
»Duschen war noch schwieriger, weil man nicht loslassen durfte!«
Ich schwitze. Wann legen wir endlich irgendwo an?
Uwe, der aufrecht wie ein Mast auf dem Achterdeck des Hummerfängers steht, sagt: »Fünfundsechzig Prozent der Mannschaft waren seekrank. Mir hat das Ganze nichts ausgemacht!«
Schön für ihn. Ich wäre vermutlich gestorben. Plötzlich ertönt eine Sirene. Das Boot verliert Tempo. Die Wellen rollen noch stärker auf uns zu. Der Schiffsführer ruft aus seiner Kabine: »Problems with the engine! Motor kaputt!« Uwe beugt sich zu mir und sagt lachend: »Gehört sicher zur Show.«
Dazu könnte ich allerdings auch noch etwas beitragen – und über die Reling reihern. ✂

ausnahmezustand

Tiere im Wald

SIE Unsere Töchter spielen im Wald: Sie sind wilde Elche, ich bin die brave Bäuerin. Schneider liegt auf unserer Picknickdecke und schaut in den Himmel. Wahrscheinlich pennt er gleich weg. Er kann das. Hat's im Militär gelernt.

Ich locke die Elche mit frischen Karotten näher, sie fressen ein wenig, dann rennen sie davon. Wie zauberhaft das alles ist. Ich sehe, wie meine beiden Töchter durchs Geäst stapfen. Sie stochern mit Stöcken im Boden herum und rufen: »Wau, wau.« Ich lächle. So schnell wird aus einem Elch ein Hund.

Diese Idylle ist perfekt. Die roten Häuser am Horizont, die Weizenfelder, der wilde Phlox mit seinen rosa Blüten. Kein Wunder werden in Schweden die brutalsten Krimis geschrieben. Bei so viel Zucker muss Blut ins Spiel kommen. Sonst wird das Leben zu süß.

»MAMA!« Ida Paulina schreit. Ich sehe in der Ferne, wie Alma sie beruhigen will. »MAMAAA!!!« Ich renne los, stolpere über einen Ast, der wie ein Elchgeweih aus dem Boden ragt. Ida schluchzt, Alma winkt heftig. »Ich komme, ich komme«, rufe ich. »Was ist denn passiert?«

»DER HUND!«, kreischt Ida.

»Ein Hund? Hier? Wo?«

»WEG! Er ist weg.«

Ida klammert sich an mich. Alma sagt: »Ida hat ihren Hund verloren.« Oh. Schwedens Wälder sind sehr groß.

ER Ich beobachte den Marienkäfer, der auf meinem Arm Richtung Ellbogen krabbelt. Ich sehe die schwarzen Punkte auf den roten Deckflügeln. Ich sehe sogar die weißen Punkte auf seinem schwarzen Köpfchen. Der Käfer fliegt weg, ich drehe mich auf den Rücken. Herrlich! Ich liege am Waldrand und blicke von unten in die Wipfel der großen Eichen. Ihre hellgrünen Blätter leuchten vor dem strahlend blauen Himmel. Was für ein Bild!
Meine Sinne sind voll und ganz auf Schweden eingestellt. Wenn es die heile Welt gibt, dann ist sie hier. Ich höre den Wind, wie er in den Bäumen rauscht, ich spüre die Sonnenstrahlen auf meiner Haut. Im Mund schmecke ich noch immer das Kardamom, mit dem hier die Zimtschnecken gewürzt werden.
Göttlich! In der Ferne höre ich meine drei Frauen auf der Suche nach Elchen, Hasen und Eichhörnchen durch den Wald streifen.
Ich muss gähnen, die hellen Nächte machen müde. Jetzt ein Nickerchen, das wär's! Und die Gelegenheit ist günstig. Um es noch bequemer zu haben, fehlt eigentlich bloß noch ein Kopfkissen.
Was liegt denn da? Perfekt!
Ich schnappe mir Idas Schmusetier namens »Hund« – und tauche ab in die Welt der Träume.

ঔ ausnahmezustand ৫৪

Baggern

ER Wir verbringen einen Ferientag in einem schwedischen Vergnügungspark. Als Erstes wollen die Kinder auf eine gigantische Sprungmatte, und Schreiber schlägt die Hände über ihrem Kopf zusammen, das sei zu gefährlich.
Ich erlaube es ihnen.
Nach kurzer Zeit unfallfreier Hopserei beschließen unsere Töchter, elektrisch betriebene Rennautos zu fahren. Schreiber gibt hektisch Anweisungen. Danach steht eine Mini-Achterbahn auf dem Programm. Am lautesten kreischt Schreiber, die gar nicht mitfährt.
»Machen wir Pause«, sagt sie, »ich bin völlig fertig!«
Wir lassen uns auf einer Bank neben einem großen Sandhaufen nieder.
»Papa, darf ich?« Alma zeigt auf einen Bagger, auf den man sich setzen kann. Tolles Ding! Ich warte Schreibers Kommentar, wie gefährlich so eine Baggerrunde sein könne, gar nicht ab und schmeiße schnell eine Münze rein.
Alma ruckelt an den Hebeln, aber die Schaufel macht nicht, was sie gern möchte. »Ich zeige es dir«, sage ich und setze mich auf den schwarzen Sitz. Ja! Der Baggerarm senkt sich in den Sand! Es klappt! Schreiber ruft: »Das ist für Kinder!«
Ich sage: »Stör mich nicht, ich muss mich konzentrieren! Geh doch auf die Rutschbahn und stresse unsere zwei Kinder nicht die ganze Zeit.«
Schreiber schaut mich verärgert an, dann sagt sie: »Zwei? Ich habe drei kleine Kinder!« ✂

ꙮ ausnahmezustand ꙮ

SIE Ich blicke zum Sandhaufen, wo Schneider glückselig auf einem Spielbagger sitzt, Knöpfe drückt, Hebel bedient, sich um die eigene Achse dreht, mit der Schaufel ein paar Körner Sand auf ein Häufchen leert und dabei strahlt. Alma steht neben mir und sagt: »Dabei wollte *ich* doch baggern.«
Schneider wirkt wie ein Riese auf dem scheppernden Teil. Hoffentlich geht es unter seinem Gewicht nicht in die Brüche. Hochkonzentriert hebelt er an dem Gerät herum.
Ich beruhige Alma und wühle im Geldbeutel nach einer weiteren Münze. Da ruft Schneider: »Hast du noch Geld? Es geht immer besser, schau mal, der Haufen wächst und wächst!«
Ich schaue und sehe einen kleinen, unscheinbaren Sandhügel rechts von der Schaufel.
Toll, mein Baumeister Schneider! Wahrscheinlich plant er gerade die Umfahrungsstraße von Bad Zurzach oder die nächste Gotthard-Röhre.
Mir reicht's!
Ich stapfe durch den Sand zu meinem Mann und schimpfe: »Du hörst jetzt sofort mit diesem Quatsch auf. Was soll das eigentlich? Das ist für Kinder!«
Er dreht sich ruckelnd mit dem Sitz zu mir.
»Weißt du, wie dämlich du auf diesem Spielzeug ausschaust?«
Schneider grinst und sagt: »Stimmt. Das sieht sicher seltsam aus. Deshalb muss ich das ja auch hier in Schweden machen. Zu Hause könnte mich jemand erkennen.«

ಐ ausnahmezustand ಐ

Stockholm: Bahnhofsuche

SIE Unser Hotel in Stockholm liegt sehr zentral. Das ist gut so, denn da wir nach zwei Wochen Schweden saumäßig schwere Koffer haben, suche ich im Stadtplan den kürzesten Fußweg zum Bahnhof heraus. Liegt ja um die Ecke! Ein Taxi brauchen wir für diesen Katzensprung nun wirklich nicht. Vom Bahnhof wird uns ein Hochgeschwindigkeitszug bequem zum Flughafen bringen. Und dann sind wir wieder daheim.
Wie ich mich freue!
Wir machen uns auf den Weg. Stockholm ist um sechs Uhr morgens menschenleer. Die Kinder tragen wacker ihre kleinen Rucksäcke. Ich zerre einen Rollkoffer hinter mir her. Schneider schleppt unsere Familientasche und somit am schwersten, der Tapfere.
Na, wo ist er denn? Ich blicke mich um. Er hat schon ziemlich Rückstand. Nach fünf Minuten biegen wir rechts ab. Wenn Einkaufsstraßen leer sind, sehen sie ganz anders aus. »An der nächsten Ecke ist der Bahnhof«, verkünde ich.
An der nächsten Ecke ist ein Springbrunnen. Gestern war da noch der Bahnhof. Ich rufe mir noch einmal den Stadtplan vor Augen. Wahrscheinlich müssen wir eine Straße weiter. »Kommt, Kinder! Gleich sind wir da«, rufe ich fröhlich.
Ich frage zur Sicherheit einen Straßenfeger nach dem Bahnhof, er sagt, dass ich ein klein wenig zu weit gegangen sei. Also gut: abbiegen und ein klein wenig zurückgehen. »Wir machen eine kurze Pause und warten auf den Papa«, sage ich.
Bleibt nur zu hoffen, dass er nicht schlapp macht, denke ich, als er endlich mit rotem Kopf zu uns stößt und keucht. Zum Glück habe ich genügend Zeit einkalkuliert, bei seinem Schneckentempo.

ঌ ausnahmezustand ☙

ER Schreiber kann nicht schnell genug nach Hause. Heimweh. Stalldrang. Ehe ich mich's versehe, marschiert sie aus dem Hotel, biegt rechts ab … Rechts? Das ist doch die falsche Richtung!
Ich setze mich mühsam in Bewegung. Ostseestrandsand im Gepäck, bemalte Holzpferde, Blechkrüge, drei »schöne« große Steine, viele kleine, ein Kilo selbst gesammelte Muscheln, zwei »lustige« Schwemmhölzer. Garantiert müssen wir Übergewicht zahlen.
Ich recke den Hals. Wohin geht sie? Sie hat zwar gesagt, dass sie den Stadtplan studiert habe. Aber hat sie ihn auch verstanden?
Ich muss aufpassen, dass ich mir keinen Hexenschuss hole. Mann, ist das schwer!
Verflixt, das Hotel liegt doch ganz nahe an diesem Bahnhof für den »Arlanda Express«! Wir sollten längst dort sein!
Nach einer Viertelstunde – und eine Viertelstunde ist lang, wenn man schwer schleppt – stehen wir endlich vor dem Bahnhof.
»Na?«, sagt Schreiber mit einem Anflug von Triumph, »hat zwar etwas länger gedauert, aber nun sind wir hier!«
Ich stelle die Koffer ab, blicke mich um, wische den Schweiß von der Stirn, atme tief ein. »Ich weiß, du hast es gut gemeint«, sage ich.
Schreiber stutzt: »Ja, ist doch super, unser Zug fährt gleich.«
»Ja. Bloß hättest du daran denken sollen, dass eine Großstadt wie Stockholm mehr als einen Bahnhof haben könnte. Das hier ist der falsche.« ✄

ᛞ ausnahmezustand ೮ౘ

Robben vor den Haien

ER Man wird eher vom Blitz getroffen als vom Hai gefressen. Ich drehe mich trotzdem weg vom Hai, der auf mich zuschwimmt, und blicke in tiefste Düsternis. Als meine Augen sich an die Dunkelheit gewöhnen, erkenne ich eine robbende Schreiber.
Es ist in der Geschichte des Acquario di Genova bestimmt das erste Mal, dass eine Besucherin auf allen Vieren den Teppich abtastet. Grund: Unser Autoschlüssel – am Morgen war er noch in meiner Hosentasche – ist weg. Das Auto steht am Hafen, lässt sich weder bewegen noch öffnen, und in drei Stunden legt unsere Fähre nach Sardinien ab.
Ich wusste ja nicht, dass diese elektronischen Schlüssel nur mühsam zu ersetzen sind: Meine verzweifelten Anrufe in die Schweiz ergaben, dass ein neu programmierter Schlüssel frühestens nach achtundvierzig Stunden in Genua eintreffen würde. Da kann ich ja grad nach Hause, den Ersatzschlüssel vom Schlüsselbrett holen!
Ich beobachte meine Frau. Und denke nicht an das Schlimmste. Denn ich bin sicher, sie bestraft mich, weil ich hin und wieder Dinge verlege. Bald wird sie zu mir hinrobben und sagen: »Na, Liebster, bist du schön erschrocken? Doch zum Glück hast du mich!«
Ja. Schreiber ist meine Versicherung. Sie steckt alles ein, was ich liegen lasse. Deshalb hat sie auch den Schlüssel bei sich, da bin ich mir ganz sicher. Ihr Robbentheater hat einzig eine pädagogische Komponente!
Oh Gott, jetzt liegt sie ächzend hinter einem Papierkorb!
Genug! Ich habe meine Lektion kapiert und krieche zu Kreuze. ✀

SIE Ich muss ihn finden. Er muss hier liegen!
Das Aquarium ist in Dunkelheit getunkt, der Teppichboden schwarz, die Wände schwarz. Mir bleibt nichts anderes übrig, als auf allen Vieren den Boden abzusuchen. Schneider steht vor dem Becken mit den Haien. Wieso hilft er mir nicht? Und warum verliert er alles? Handys, Portemonnaies, Sonnenbrillen – er ist Weltmeister des Verhühnerns!
Als ich ihn heute Morgen bei unserer Ankunft in Genua fragte, ob er mir den Schlüssel geben wolle, sagte er: »Deine Handtasche kann geklaut werden, aber meine Hosentasche ist ein Safe!«
Seine Hosentasche ist ein Selbstbedienungsladen.
Ich krabble vor dem Haifischbecken herum, stöbere leere Chipstüten auf, einen schmuddeligen Schnuller, flach gebatzte Kaugummis. Wie eklig.
Schneider ist sich ganz offensichtlich zu schade, in die Knie zu gehen. Ich schaue auf die Leuchtzeiger meiner Uhr. In drei Stunden fährt das Schiff.
Die Tickets sind im Auto.
Alles ist im Auto!
Ich muss den Schlüssel finden. Sonst haben wir ein Problem.
Wir?
Nein: ER!

ausnahmezustand

Bravo, Schneider!

SIE Ich sitze mit unseren Töchtern im Zug nach Levanto, das eine Zugstunde von Genua entfernt liegt. Wir haben Freunde dort, die uns spontan aus der Patsche helfen. Wenigstens etwas Positives an unserem ersten Ferientag.
Ich bin nach der schlaflosen Nacht im Auto und dem aufregenden Tag in Genua erschöpft. Die erfolglose Schlüsselsuche hat mich vollends zermürbt. Wenigstens konnte ich unsere Bekannten anrufen: Nummer gewählt – ein Problem gelöst!
Schneider hingegen hat nicht nur keinen Schlüssel, sondern auch kein Handy! Das ist so was von typisch!
Hier im überfüllten Zug telefonieren alle. Wie schön wäre es, ihn jetzt anzurufen und ins Telefon zu schluchzen – nachdem ich zuerst noch einmal richtig geschimpft hätte. Ich hoffe, dass Schneider zur Abwechslung wenigstens die Fahrt zurück nach Bad Zurzach ohne Komplikationen schafft. Was, wenn er unterwegs verloren geht? Im Zug einpennt und im SBB-Depot aufwacht?
Mit einem Handy wäre das alles einfacher: Ich könnte ihn an alles erinnern, ihm eine Gute-Reise-SMS schicken und sagen, dass ich ihm nicht mehr böse bin.
Jedenfalls nicht mehr ganz so böse.

ausnahmezustand

ER Ich blicke aus dem Zug, es dämmert. Vor zwei Stunden bin ich am Bahnhof Genova Principe los, drei wimmernde Frauen auf dem Perron zurücklassend, als ob ich in den Krieg führe oder für immer in die Fremde. Ich fahre jedoch nicht weg, sondern nach Hause. Dort hängt der Ersatzschlüssel unseres Autos. Dieses steht am Genueser Hafen, statt im Bauch einer großen Fähre, die meine Familie und mich an diesem Abend nach Sardinien hätte bringen sollen. Mir wurde der Schlüssel geklaut, vermutlich, und wegen dieser blöden elektronischen Wegfahrsperre können wir es weder öffnen noch bewegen.
Und jetzt? Neue Schiffstickets plus Zugbillet kosten mich sicher mal locker tausend Franken, und Ferientage verlieren wir auch.
Bravo, Schneider!
Meine Mitreisenden im Abteil bedienen fieberhaft ihre Telefonini. Meines liegt im Auto, das auf dem einsamen Parkplatz am Hafen steht und diese Nacht sowieso aufgebrochen wird, wie uns alle Italiener, die wir um Hilfe baten, prophezeit haben.
Nun wartet die nächste Hürde: Ich muss Schreiber anrufen, sie besänftigen, ihr sagen, dass ich sie liebe, dass alles gut kommt. Aber wie schaffe ich es, dass mir jemand sein Handy ausleiht? Ohne Mobiltelefon macht man sich in Italien höchst verdächtig.
Ich werde die Geduld von Schreiber wohl noch ein bisschen mehr strapazieren müssen. ✄

ʚ ausnahmezustand ʚ

Versöhnung an Deck

SIE Geschafft! Wir sind an Bord, mit Auto, mit Mann und allem! Das Schiff hat vor einer halben Stunde abgelegt, Genua entschwindet im Abendlicht. Vor uns liegt das Meer und irgendwo weit weg Sardinien. Endlich Ferien!
Ich atme tief durch. Schneider ist zwar müde, aber Gott sei Dank mit Schlüssel aus der Schweiz zurückgekehrt. Die Mädchen und ich hatten es bei unseren Freunden lustig. Und unser Auto, das am Hafen in Genua stand, ist nicht aufgebrochen worden! Handy, Videokamera, Computer, Kühlbox, Plüschtiere: alles da. Welche Erleichterung!
Schneider und ich stehen an der Poolbar, gönnen uns einen Martini Bianco, der Pianist spielt Ramazotti, die Kinder rennen herum.
Ich nippe am Drink, es schmeckt nach Italien, bin geradezu beschwipst vor Glück. Ich drücke meinem Liebsten zum x-ten Mal einen Kuss auf die Wange: »Das Positive an achtundvierzig Stunden Chaos: Ich bin frisch verliebt in dich!«
Schneider nickt, der Gute. Er ist noch ganz belämmert nach seiner Tour de Clé. Ich habe ihm längst vergeben und finde, er könnte nun heiter sein. Stattdessen starrt er in seinen Martini. Ich flüstere in sein Ohr: »Lust auf ein Tänzchen?«
Schneider zuckt: »Auch das noch! Ich möchte jetzt einfach, dass meine Ferien beginnen!«

ೞ ausnahmezustand ೣ

ER Das Meer ist ruhig. Dennoch schwankt alles um mich herum. Meine Beine sind weich, mein Kopf ist schwer, vor mir steht ein Martini und neben mir tänzelt Schreiber. Sie ist völlig aufgekratzt seit unserem Wiedersehen. Ich hingegen bin angeschlagen: Sechs Stunden habe ich in zwei Tagen geschlafen. Zu wenig, um gleichzeitig verliebter Ehemann und verspielter Papa zu sein. Meine Kraft reicht knapp, um mit Schreiber an der Bar einen Martini zu trinken, ohne unter die Theke zu kippen.
Sie will tanzen, ich nicht. Sie fragt: »Liebst du mich?«
Natürlich. Und das hätte ich längst sagen sollen. Sie hat das ganze Fiasko schließlich souverän gemeistert. Ich schenke ihr einen zärtlichen Blick: »Klar!«
Sie lächelt und säuselt: »Jetzt leisten wir uns ein gediegenes Dinner im Gala-Restaurant mit allem Drum und Dran: Wir feiern dich! Du hast es verdient, mein Ersatzschlüsselmann.« Sie strahlt vor Glück und drückt mir einen dicken Kuss auf den Mund. »Dann spazieren wir über Deck, bringen die Kinder ins Bett und dann …« Sie zwinkert mir zu.
Verstehe: Sie will das ganze Programm. Ich versuche, auch zu lächeln, und überlege, wie ich ihr schonend beibringen kann, dass ich mich einfach nur in die Kabine verkriechen und schlafen will.
Am liebsten ganz, ganz alleine. ✄

ausnahmezustand

Die spinnen, die Italiener!

SIE Wir feiern Weihnachten in Italien bei meiner Mutter in Umbrien. Dort verteilt kein Christkind die Geschenke, sondern Babbo Natale, und zwar schon vor Heiligabend auf der pittoresken Piazza. Die Päckchen hat man am Vorabend heimlich in Aldos Bar deponiert.
Gespannt warten alle auf dem Platz, die Kinder sind piekfein rausgeputzt, die Jungs tragen dunkelblau, die Mädchen pink. Könnte eine Modenschau von *Vogue Bambini* sein. Da klingelt plötzlich ein Glöckchen, und durch die düstere Gasse marschiert der rauschebärtige Babbo an. Die Kinder kreischen und drängen, er setzt sich an den Brunnen, holt aus dem großen Sack die Geschenke und ruft die Namen der Kinder. Unsere Töchter stehen wacker mitten im Trubel, doch dann gerät alles durcheinander: Auf einmal kämpfen sich Väter und Mütter mit Kameras und Handys rücksichtslos nach vorne für das perfekte Foto ihres aufgedonnerten Nachwuchses samt Babbo. Spinnen die?
Ich muss sofort meine Brut aus dem Gedränge befreien!
Ich packe Schneider am Arm, damit er mitkommt, doch der bleibt bockstill stehen. »Los!«, rufe ich.
Er sagt: »Ich bin Schweizer. Ich habe Anstand. Ich bleibe hier.«

ER Was für ein Chaos! All diese vor Stolz platzenden Mütter, Väter und Großeltern, die ihre Kinder pausenlos filmen und fotografieren, statt ihnen Anstand beizubringen! Würden die hier einen schönen Halbkreis bilden, wäre das eine ganz geordnete, feierliche Angelegenheit! Stattdessen sieht das aus wie die Fütterung zänkischer Möwen!
Ich lasse deshalb meinen Apparat diskret in der Jackentasche. Es ist eh schwierig, ein gutes Foto zu schießen, wenn ich sehe, wie unsere Mädchen im Geschiebe untergehen. Und jetzt kämpft sich auch noch meine Deutsche mitten in das Gewühl hinein! Ein richtiges EU-Gezänke!
Wie peinlich!
Ich halte mich da gut schweizerisch raus. Was hier passiert, hat kein Niveau!
»PAPI!«
»IDA?«
»PAPPIIII!«
Die Ärmste! Wo steckt sie? Niedergetreten von einer pelzbewehrten Mutter mit Videokamera? Abgedrängt von einem Jungen, der grade ein Maschinengewehr vom Babbo Natale gekriegt hat? Über Bord mit dem Niveau! Jetzt sind andere Qualitäten gefragt!
»IDAAAAA! HALT DURCH! ICH KOMME!«
Rücksichtslos schmeiße ich mich in den Tumult, die Ellbogen draußen! Ich kann das. Und ich darf das! Schließlich habe ich eine italienische Mutter – und die italienische Staatsbürgerschaft schon lange! ✂

»Sehen Sie sich um. Die meisten Ehemänner sind der beste Beweis dafür, dass Frauen Humor haben.«

Donna Leon

konfliktherde

ꙮ konfliktherde ꙮ

Die Butterfrage

ER Morgenessen bedeutet bei uns Marmeladenessen. Im Vorratsraum stapeln sich deshalb Gelees und Konfis von Boskoop-Äpfeln, schwarzen Apfelbeeren, Johannis- mit Stachelbeeren, Quitten, Erdbeeren mit Rhabarber, Mispeln, Aprikosen, Kirschen und Zwetschgen. Gut vier Fünftel der Konfitüren sind selbst gemacht. Gegessen wird das Eingemachte von meiner Frau und unseren Töchtern.
Find ich gut.
An einem normalen Wochentag sind mindestens vier verschiedene Konfis in Betrieb.
Find ich in Ordnung.
Daneben stehen auf dem Tisch meist noch Honig, Nutella sowie Zuckerrübensirup, ein klebriger, dunkelbrauner, zähflüssiger und sehr süßer deutscher Brotaufstrich.
Solange ich Käse habe, stört mich das nicht.
Aber was mich definitiv stört: Mit Ausnahme von mir streicht niemand in unserer Familie sein Messer an der nächsten Brotscheibe sauber, bevor damit ein dickes Stück Butter abgeschnitten wird!
Ich will mein Käsebrot ohne süße Spuren essen und erläutere meinen drei Frauen die relativ unkomplizierte Abstreiftechnik.
Sie nicken.
Ich freue mich.
Und mein nächstes Käsebrot riecht nach Erdbeeren. ✂

konfliktherde

SIE Schneider schimpft: »Ist das denn so schwierig? Eine anständige Butter ist weiß. Unsere sieht schwerverletzt aus mit all den roten Klecksen!« Nanana! Er übertreibt wieder mal.
Schneider fährt fort: »Ich wäre einfach extrem froh, wenn ich meinen Käse ohne Erdbeergeschmack essen könnte.«
»Was hast du denn? Die Kombination von Süßem und Saurem ist doch eine Delikatesse. Ich liebe gebackenen Camembert mit Preiselbeermarmelade.«
»Du isst auch Matjeshering mit Äpfeln. Ich rede von einem ganz normalen Käsebrot zum Frühstück. Warum versteht mich hier niemand?«
»Mich versteht auch niemand. Ich fände es zum Beispiel toll, wenn du deine Jeans nicht jedes Mal zur weißen Wäsche schmeißen würdest ...«, sage ich.
»Typisch Frau!«
»Dass ich schlagfertig bin?«
»Nein!« Er schüttelt den Kopf: »Das mit der Butter! Wir waren fünf Männer zu Hause – und meine Mutter. Sie schneidet die Butter noch heute mit dem konfiverschmierten Messer.«
Auch ich denke an seine Mutter und antworte: »Fünf Männer mit zehn Füßen. Berge von Socken! Die Ärmste!« Ich greife nach dem Zuckerrübensirup und sage: »Im Vergleich dazu lebe ich geradezu im Paradies – mit nur einem einzigen Mann.«

☜ konfliktherde ☞

Stinkender Fisch

SIE Jeden Tag, wenn ich den Kühlschrank aufmache, denke ich an Schneider und Schweden. Denn seit er dort oben auf Geschäftsreise war, blockieren zwei große Schachteln mit eingelegtem Fisch das unterste Fach. Ein Mitbringsel, das er mir feierlich bei seiner Rückkehr vor einigen Wochen überreichte: »Fermentierter Fisch, hält ewig und stinkt bestialisch, eine echte und teure Spezialität – man isst ihn mit Fladenbrot, rohen Zwiebeln, Tomaten und Sauerrahm unter freiem Himmel«, erzählte er voller Begeisterung, als wäre er geborener Skandinavier.
Er hat also diesen konservierten Fisch mitten im schwedischen Niemandsland kennengelernt. Was vermutlich eine idiotische Männer-Mutprobe war und nur ein Vorwand, um schon am Morgen Schnaps zu trinken. Da Schneider kein Feigling sein will, hat er natürlich bei dem kulinarischen Ritual mitgemacht und diese skandinavische Stinkbombe auch noch für viel Geld gekauft. Nun erwartet er, dass ich den Fisch esse. »Immerhin bist du beinahe eine halbe Schwedin!« Wie gut, dass eine Freundin von mir hundertprozentige Schwedin ist. Als sie uns besucht, halte ich ihr die Schachtel samt eingeschweißter Dose unter die Nase. Sie kreischt: »Mach das nicht auf, da treten Gase aus, die du nie mehr aus dem Haus bringst. Wenn überhaupt, dann öffne die Packung fern von jeglicher Zivilisation.« Bestens. Das kann Schneider gleich selbst erledigen, denn genau dorthin wünsche ich ihn mit seinem Macho-Mitbringsel!

ꙮ konfliktherde ꙮ

ER Immer, wenn ich in den Kühlschrank schaue, zaubert mir eine braune Kartonschachtel ein Lächeln ins Gesicht: »Surströmming« heißen die Dinger, die in einer Konservendose, die zusätzlich vakuumverpackt ist, darauf warten, von uns gekostet zu werden. Und, sapperlot!, sauer sind die, so sauer, dass es ein unvergessliches Erlebnis ist, sie hinunterzuschlucken. Nicht jedermanns Sache, gewiss, aber seit ich in Island Hakàrl degustiert habe, also verrotteten Grönlandhai, und auf den Färöern Lundi, das sind niedliche Papageitaucher, essen musste, schlucke ich auch gesäuerte Ostseeheringe aus Nordschweden runter.
Zugegeben: Der Geruch einer geöffneten Dose ist bestialisch und hat in Stockholm schon dazu geführt, dass Mietern, die im Treppenhaus Surströmmingtunke verschüttet hatten, fristlos gekündigt wurde. Aber ich bin ja mit Schreiber zusammen, und die isst nicht nur Matjesheringe und Fischeier in rauen Mengen, sondern hat auch skandinavische Wurzeln! Wobei ich mich fragen muss, wie tief diese reichen, als sie sich vergewissert: »Und das hat dir wirklich richtig gut geschmeckt?«
Ich nicke und werde für mich behalten, dass kaum jemand Surströmming nur zum Spaß isst – außer er hat bereits genügend Hochprozentiges intus.
✂

❧ konfliktherde ☙

Eine Prise Frust

SIE Ich bin in Fahrt, habe wie eine Irre aufgeräumt. So richtig grundsätzlich: unter den Schränken saugen, Kleider ausmisten, Schubladen putzen, Kühlschrank abtauen.
Was in mehrfacher Hinsicht erstaunlich ist: Denn erstens putze ich nicht gerne und zweitens habe ich dabei meistens schlechte Laune. Aber heute war alles anders. Ich habe Angélique Kidjo gehört und bin singend durchs Haus gezogen, mit Staubsauger und Putzeimer im Schlepptau.
Als Schneider nach Hause kommt, stehe ich strahlend in der Küche. Er sagt »Hallo«, drückt mir einen Hauch von Kuss auf die Lippen und gähnt. Er blickt sich um, und ich warte auf ein: »Wahnsinn, alles abgestaubt!« Vergeblich.
Er wirft einen Blick in die Zeitung auf dem Tisch, geht dann zum Kühlschrank und holt sich ein Joghurt heraus.
Ich beobachte ihn: Er verzieht keine Miene. Dabei kann man den hellen Glanz unserer blank geputzten Küche doch unmöglich übersehen.
»Ist was passiert?«, fragt er besorgt.
Mein Strahlen versiegt, und ich sehe aus wie die Frau aus der Meister-Proper-Werbung: verdattert in der blitzblanken Küche.
»Ja, merkst du denn gar nichts?«
Nun blickt er auch noch besorgt und fragt ganz verunsichert: »Warst du beim Coiffeur?« ✒

☙ konfliktherde ❧

ER Seit ich über die Türschwelle getreten bin, verfolgt mich Schreiber auf Schritt und Tritt.
Was ist bloß los?
Ich öffne den Kühlschrank, nehme mir ein Joghurt heraus, und sie fragt, ob ich denn gar nichts merke.
Merken? Kann sie nicht gerade heraussagen, was ansteht?
Oder spielt sie auf mein Gewicht an? Ich bin etwas schwergewichtig im Moment. Oder habe ich mir ihr letztes Lieblingsjoghurt geschnappt? Vielleicht hat sie toll gekocht und will nicht, dass ich vorher etwas esse?
Sie blickt verärgert.
Ich bin irritiert.
Was könnte ich falsch gemacht haben? Aber es fällt mir einfach nichts ein. Ich ziehe stattdessen die Besteckschublade auf, um ein Löffelchen für mein Joghurt herauszunehmen – und was ich sehe, beunruhigt mich: Alle Gabeln und Löffel liegen geordnet und präzis auf gleicher Höhe in ihren Fächern, die Messer sind allesamt nach links ausgerichtet!
Das ist außergewöhnlich. Das ist sogar sehr, sehr außergewöhnlich. Das ist ein Zeichen. Vielleicht gar ein Hilferuf!
Ich blicke zu Schreiber und frage sanft: »Langweilst du dich so sehr?« ✂

☯ konfliktherde ☯

Kochen für Besserwisser

SIE Ich will meinem Liebsten eine Freude machen und koche zum Abendessen asiatisch: marinierter Tofu, Ingwer-Koriander-Dip, Glasnudelsalat mit Jakobsmuscheln. Ich genieße es, dass Schneider im Augenblick als Aushilfslehrer arbeitet und erst abends nach Hause kommt. So können wir unser tägliches Wiedersehen richtig zelebrieren und haben uns viel zu erzählen. Er fabuliert von Lehrern und Schülern, ich plaudere von meiner Stelle als temporäre Vollzeithausfrau. Was mir erstaunlicherweise richtig Spaß macht.
Als Schneider zur Tür hereinkommt, schnuppert er hörbar und sagt: »Köstlich, wie das hier riecht!« Er schaut mir über die Schulter. »Ich bin grad am Experimentieren. Probier mal!«, sage ich und reiche ihm ein Stück Tofu, das ich mit einer eigenen Kreation aus Sojasauce, Limettensaft, Honig und Galgant mariniert habe. Er kaut, schluckt und sagt: »Köstlicher Tofu! *Köstlich!* Ist übrigens ein attributiver Gebrauch des Adjektivs. Adjektive sind nämlich deklinierbar. Wusstest du das?«
Nein, wusste ich nicht und wollte ich auch nie wissen. Mein Grammatikgenie braucht dringend Nachhilfe im Hauptfach Feierabend. Der Wecker des Backofens kommt mir zu Hilfe und schickt ein eindeutiges, schrilles Signal: »Hörst du das, mein Lieber? Weißt du, was das bedeutet?«
Schneider schüttelt den Kopf.
»Die Schule ist aus!«

ಐ konfliktherde ಐ

ER Als ich noch zur Schule ging, hatte ich weder für Chemie noch für Algebra etwas übrig. Geologie und Goethes *Faust* interessierten mich ebenso wenig. Jetzt, da ich gelegentlich selber unterrichte, stelle ich fest, wie spannend all diese Dinge sind. Sogar Grammatik begeistert mich: »Weißt du, wie die Steigerung von ›hoch fliegend‹ lautet, wenn man ein Flugzeug meint? Nun? Das ›höher fliegende‹ Flugzeug, logisch, oder?«
Schreiber nickt, aber ich bin mir nicht sicher, ob sie mich verstanden hat. Deshalb erkläre ich ihr das: »Die Bedeutung des Partizips ›fliegend‹ liegt hier näher beim Verb, verstehst du? Fliegend meint fliegend, klar?«
Schreiber schweigt, dann sagt sie fragend: »Ach?« Sie ist ein bisschen begriffsstutzig.
»Schau mal, wenn ›fliegend‹ eine stärkere adjektivische Färbung angenommen hat und nicht ans Verb erinnert, zum Beispiel in der Kombination ›hochfliegend‹, wie wird dann gesteigert?«
Schreiber probiert Glasnudeln. Sie hat vermutlich keinen Schimmer. Ich erkläre: »Dann heißt es natürlich ›hochfliegendere‹ Ideen, logisch, oder? Sag doch mal was.«
Schreiber schluckt und meint leicht säuerlich: »Ich bin dafür, dass du wieder auf dem Boden landest und die Steigerungsform für meine Kochkünste übst: köstlich, köstlicher, am köstlichsten!« ✂

☙ konfliktherde ☙

Heißer Preis, kalter Reis

ER »Alles klar«, sage ich in den Hörer. Schreiber erklärt mir gerade, wie ich den Rest Risotto vom Mittagessen zum Nachtessen aufzuwärmen habe. Denn wir haben Tonnen davon: Schreiber kocht nach Gefühl, und dieses sagt ihr, dass eine große Tasse Reiskörner nie und nimmer eine Familie satt macht. Deshalb schüttet sie mindestens eine, meistens zur Sicherheit zwei große Tassen in den Wassertopf. Die Folge: Der gequollene Reis reicht für ein Dutzend Leute. Und während sie heute mit Freundinnen im Restaurant speist, hauen wir zu Hause noch einmal das Gleiche rein.
»Ja, ich habe verstanden: Der Topf steht im Kühlschrank. Ja, ich gieße ein wenig Wasser hinzu. Ja, Butter tu ich auch dran.« Ich seufze und halte den Telefonhörer vom Ohr weg, während sie weitere Anweisungen gibt. Als ob ich nicht wüsste, wie man Reis aufwärmt!
Endlich schweigt sie. »Gut, tschüss und guten Appetit«, sage ich.
Ich greife nach dem Topf im Kühlschrank. Aha! Ein brandneues Teil mit schicken Messinggriffen! Hab ich noch nie gesehen.
Ich stelle den Topf auf die Herdplatte, gieße etwas Wasser dazu und warte. Der Reis bleibt kalt. Die Herdplatte glüht. Was ist das für ein Topf? Ein chinesisches Sonderangebot?
Heißer Preis, kalter Reis?
Welch eine Verschwendung!
Das Einzige, das jetzt kocht, bin ich! ✂

ಎ konfliktherde ೞ

SIE Ich sitze mit meinen Freundinnen beim Japaner. Sushi. Algensalat. Tempura. Herrlich! Da klingelt das Telefon: »Was hast du da für einen Topf gekauft?«, ereifert sich Schneider.
»Welcher Topf?«
»Der mit dem Reis …«
»Toll, nicht wahr? Schweizer Qualität! Ein Sonderangebot.«
»War wohl eher Ramschverkauf. Der Reis wird nämlich nicht heiß!«
Mir schwant Übles: »Hast du zugehört, als ich dir vorher am Telefon erklärt habe, wie du vorgehen sollst?«
»Sicher!«
»Und was habe ich gesagt?«
»Dass ich den Reis aufwärmen soll.«
»Und was noch?«
Er schweigt, ich verdrehe die Augen, meine Freundinnen blicken amüsiert.
»Huhu, der Topfuntersetzer …«, sage ich.
»Meinst du ein Holzbrett, um den Topf draufzustellen?«
»Nein, ich meine das, worauf der Topf jetzt steht! Schau doch mal genau hin! Das ist ein integriertes Teil in der gleichen Farbe …«
»Ich sehe nichts.«
»Nein, du hörst nichts! Ich habe dir gesagt, dass unten am Topf ein Untersetzer dran ist, den du zum Kochen wegnehmen musst! Schon vergessen?«
Er schweigt.
Ich auch.
Was soll man einem Mann sagen, der sowieso nicht zuhört?

☙ konflikterde ❧

Lagerfeuer im Eis

ER Als junger Mann lebte ich eine Weile im Sultanat von Oman, und dort hatte ich alles, was ich mir erträumte. Nur etwas fehlte: Cervelats. Deshalb kann ich heute nicht anders, als regelmäßig Cervelats aufs Feuer zu legen, auch wenn es Winter ist.
»Aber draußen ist es doch eiskalt!«, empört sich Schreiber, als ich ihr mein Vorhaben erkläre.
»Na, und? Wir haben Thermo-Unterwäsche. Es gibt kein schlechtes Wetter, sondern nur schlechte Ausrüstung«, entgegne ich und bereite alles für das Abendessen im Garten vor: Cervelats und Weißbrotscheiben, die ich mit Olivenöl beträufle und mit Knoblauch einreibe. Unsere Kinder schleppen Holz, stehen fasziniert um das Feuer herum und strahlen in die lodernden Flammen.
Endlich bewegt sich auch Schreiber aus dem Haus. Ein einziger Blick genügt, um zu verstehen, was sie von einem gesunden Essen an der frischen Luft hält: nichts. Sie stapft wie das dicke Michelin-Männchen auf mich zu, unbeweglich eingerollt in zwei Daunenjacken! Sie jammert, bibbert, schickt die Kinder vom Feuer weg, sie schnäuzt und beschwert sich. Und ich staune: Sie schafft es, mit ihrer Laune die eisigen Temperaturen an diesem Tag zu unterbieten. ✂

SIE Ich bin zwar abgehärtet – aber nicht wahnsinnig. Bei Minusgraden auf tiefgefrorenen Bänken sitzen, mit klammen Händen Würste halten und lauwarmen Punsch trinken, mag als Vorstufe für eine Himalaya-Expedition durchaus sinnvoll sein. Für mich ist das nur Unsinn aus dem Hause Schneider.
Aber zündeln macht ihn glücklich, egal bei welchem Wetter. Vielleicht ist das der männliche Urtrieb, ein nostalgischer Gruß aus der Steinzeit? Wir haben schon im Dauerregen Grillpartys veranstaltet, weil Schneider fand: Abgemacht ist abgemacht, er sei kein Warmduscher. Und am Morgen des 24. Dezember zieht er mit den Kindern regelmäßig in den Wald, damit ich in aller Ruhe den Heiligabend vorbereiten kann. Mit dem Resultat, dass alle drei nach Wurst und Rauch stinken und ich Maschinen voller Wäsche habe.
Ich sehe ihn im Feuer rumstochern, er schiebt die Glut vorsichtig zusammen. Eigentlich könnte ich das Spektakel komfortabel vom Esszimmer aus beobachten – aber er wäre bestimmt enttäuscht, wenn ich ihn draußen alleine lassen würde. Außerdem kann ich ihm dann eiskalt meine Meinung zu seinem albernen Lagerfeuer sagen. Warm angezogen ist er ja.

ஓ konfliktherde ෆ

Geknurre in der Küche

ER Manchmal wird's acht, bis ich von der Arbeit komme. Während Schreiber die Kinder ins Bett bringt, kurble ich die Fensterstore in der Küche runter. Feierabend! Das Kurbelgeräusch mischt sich mit dem Geknurre meines Magens. Hunger!
Im Kühlschrank lagert die Belohnung für den langen Tag: Salume und Latteria-Käse aus dem Friaul. Dazu gönne ich mir ein Tröpfchen Merlot aus der Gegend, wo meine italienischen Wurzeln sind.
Doch zuerst blicke ich in den Brotkorb: leer. Im Brotkasten: Fehlanzeige. Ich ziehe an den Schubladen des Tiefkühlers: nichts.
Ich schiebe einen Stuhl an unseren Schrank, steige drauf und öffne das oberste Küchenkästchen: voll.
Aber nicht mit dem, was ich suche, sondern mit Schokolade. Hell, dunkel, weiß, mit und ohne Nuss.
Daneben liegen Zahnputzkaugummis, Lollipops und gesunde Bio-Gummibärchen aus der Drogerie. Lebenswichtige Lebensmittel für Schreiber. Ihr liebstes »täglich Brot«.
Meines ist ein anderes.
Ich steige verärgert vom Stuhl und schiebe ihn wieder an den Tisch. Dann öffne ich den Kühlschrank und mache, was ein Mann in dieser Situation tun muss: Ich greife nach einem Hefewürfel. ✄

☙ konfliktherde ❧

SIE Als ich in die Küche trete, schlägt Schneider heftig zu. »Schoggi gibt's bei uns wie Seife, Butter, WC-Papier und Teigwaren«, schnaubt er ohne aufzublicken. Er prügelt den Hefeteig auf dem Tisch wie einen Boxsack und schimpft weiter: »Aber weißt du, was du schon wieder vergessen hast?«
So demonstrativ, wie Schneider nun den Teigklumpen vermöbelt, ist das nicht schwierig herauszufinden. Er verpasst ihm eine Linke: »Soll ich den Salami etwa auf die Schokolade legen?«, fragt er vorwurfsvoll. »*Die* Salami heißt das auf Deutsch«, sage ich, und seine Laune wird noch schlechter.
»Morgen bleibe ich im Bett liegen, das sage ich dir! Wenn ich erst um Mitternacht zu Abend esse, kann ich nicht einschlafen.«
Völlig übertrieben, dass Schneider wegen einer Scheibe Brot, na ja, in diesem Fall wegen *keiner* Scheibe Brot, solch ein Tamtam macht! Abgesehen davon täte es ihm durchaus gut, mal aufs Abendessen zu verzichten. Deswegen würde er noch längst nicht verhungern.
Aber nein: Er will Brot und macht Ärger.
Der Abend wird also ungemütlich.
Zum Glück kenne ich das Gegenmittel: Ein Stückchen Bitterschokolade – dann bin wenigstens *ich* guter Laune! ✎

◦❦◦ konfliktherde ◦❦◦

Zoff beim Zopfessen

SIE Samstagmorgen. Wir erwarten Freunde zum ausgiebigen Frühstück. Schneider ist bereits aufgestanden – ich habe ihn unten Kaffee machen hören. Super, dass er schon in der Küche ist. Und solange die Kinder weiterschlafen, können wir alles ohne Hektik vorbereiten. Ich bin stets ein wenig angespannt, wenn Gäste kommen, denn ich wäre gerne die perfekte Gastgeberin, bei der alles tipptopp klappt, bei der die Wohnung fusselfrei, das Klo geputzt und die Spülmaschine ausgeräumt ist.
Im Gang stolpere ich über Schneiders Turnschuhe – die gehören in den Schuppen zu seinen Joggingsachen. In der Küche liegt die Zeitung zerfleddert auf dem Tisch, daneben steht eine benutzte Kaffeetasse.
Schneider fehlt.
Draußen pfeift's. Ich schiebe den Vorhang zur Seite. Schneider taucht auf: Er trägt seine blaue Überhose und gräbt in unserem Garten ein Loch in die Erde. Er dreht sich zu mir um und deutet mit seinen dunkelbraun verkrusteten Händen fröhlich auf einen lehmigen Erdhaufen. Setzt der doch allen Ernstes Blumenzwiebeln, statt Müsli zu machen!
Ich winke Schneider säuerlich zu und renne in den oberen Stock, denn von dort erklingt ein langgezogenes »MAMIIIII!« Wieso sind die Kinder schon wach? Die Kleinere will ein Buch vorgelesen haben, die Große will Tischkarten basteln, keine von beiden will sich anziehen!
In einer Stunde kommen unsere Freunde, und statt Brunch gibt's Chaos. Ich wäre ja so gerne eine perfekte Gastgeberin – doch irgendwie fehlt mir der passende Mann dazu! ✒

konfliktherde

ER Paul und Julia waren begeistert. »Das sieht ja fantastisch aus«, sagten sie, als sie das Frühstücksbuffet sahen, den selbst gebackenen Zopf – meine Spezialität – und die hübschen Tischkärtchen von Alma. Wir waren natürlich rechtzeitig fertig mit den Vorbereitungen – wie immer. Schreiber aber entschuldigte sich für alles Mögliche, wie sie das meistens tut, wenn wir Gäste haben: »Normalerweise ist gesaugt. Aber er ist noch vorhin mit seinen Arbeitsklamotten durchs Haus, überall ist Dreck runtergebröselt, und die Kinder ...«
Ja, ja. Als Schreiber dann endlich merkte, dass unsere Gäste zufrieden und fröhlich waren und nicht ständig nach Beweisen unerhörter Schlampigkeit in unserem Haushalt suchten, entspannte sie sich.
Leider nur kurz.
Denn nachdem Julia und Paul samt Kindern gesättigt und gut gelaunt von dannen gingen, wurde Schreiber sofort wieder unausstehlich.
Sie listet mir nun auf, was ich an diesem Morgen alles falsch gemacht habe: viel zu wenig Kaffee gekocht; zu lange von meinen Abenteuern im Oman erzählt; zu wild mit den Kindern herumgetobt.
Schade ist sie als Gastgeberin nicht so locker wie als Meckertante!

❦ konfliktherde ☙

Schreiber schneidet Schneider

SIE Mein Liebster spielt mit den Kindern, während ich die Küche klarmache. Was ziemlich viel Arbeit ist, denn Schneider hat gekocht: Karottenschalen am Boden. Auf dem Herd. Im Waschbecken. Mittendrin das Schälmesser. Typisch! Saugt er Staub, schiebt er die Stühle nicht zurück an den Tisch; bohrt er Löcher, liegen Schrauben tagelang herum; werkelt er im Garten, stehen danach die lehmigen Latschen vor der Haustür. Alles macht er halbfertig – und ich kann hinterher aufräumen!
Echt nervig!
Ich greife heftig nach dem Schälmesser und schabe dabei blöderweise die obere Hautschicht meines Handballens ab. Das Messer ist ein Schweizer Markenprodukt – mein Fleisch nicht. Blut tropft auf die Karottenschalen. Ich verwende eine Rolle Haushaltspapier und Schimpfwörter, als Schneider kommt: »Was ist denn los?«
»Ich habe mich geschnitten!« Eigentlich rufe ich zu solchen Gelegenheiten »Scheiße!«, aber Schneider hat unsere Töchter im Schlepptau. Die freuen sich und holen beim Anblick der blutgetränkten Tüchlein begeistert die Notfallapotheke.
»Scheiße!«
»Du brauchst mich nicht anzuschreien! Ist nicht meine Schuld, wenn du dich schneidest«, zischt er.
»Irrtum«, schimpfe ich, »es *ist* deine Schuld!« ✒

☙ konfliktherde ☗

ER So, fertig! Die letzte Karottenschale landet im Kompostkübel. Dauerte keine Minute, die Reste wegzuräumen. Was für ein Theater die macht! Ritzt sich die Hand und beschuldigt mich! Falls sie sich das angewöhnt, bin ich bald an allem Schuld: dass ihr der Coiffeur die Haare zu kurz geschnitten hat, dass sie vergessen hat, Brot einzukaufen, dass ihre Jeans mit Bundweite 32 nicht mehr passen.
Sobald ich hier fertig bin, gehe ich raus und renne durch den Wald! Was soll ich mir einen Abend lang anhören, dass sie sich wegen mir die Hand verstümmelt hat?
Ich räume die letzten Teller ein, während oben die Kinder das Bad in eine Notaufnahme umfunktioniert haben, Krankenhaus spielen und Schreiber trösten, als ob sie gerade den Arm verloren hätte! Wenn ich jetzt die Rüebliraffel abwasche, könnte ich mir ja auch die Fingerbeeren wegraspeln. Würde ich dann etwa Schreiber die Schuld dafür geben?
»Du?«
Ich zucke zusammen. Fast hätte ich mich geschnitten! Was ist denn jetzt noch? Ich wende mich um. Braucht sie eine Bluttransfusion?
Sie zeigt mir ihre Hand, der Verband reicht bis zur Schulter: »Wollte nur sagen, dass ich wunderbar versorgt wurde. Und wenn du dich jetzt bei mir entschuldigst, geht es mir wieder richtig gut.«
»In Ordnung – sofern du dich vorher bei mir bedankst, dass ich dieses ganze Chaos hier in Ordnung gebracht habe, während du mit den Kindern gespielt hast!« ✂

ଛଠ konfliktherde ଔଃ

Egoist am Herd

ER Vor Jahren schwärmte ich für weite Reisen an abgelegene Orte. Für Tristan da Cunha zum Beispiel. Das ist eine Insel zwischen Afrika und Südamerika, auf der knapp dreihundert Menschen wohnen. Fantastisch! Etwas größer ist die zweitausenddreihundert Kilometer entfernte Nachbarinsel St. Helena mit sechstausend Einwohnern, aber ebenfalls ohne Flughafen, sodass man mit dem Schiff mindestens fünf Tage unterwegs ist, bis man an Land geht.
Mit Schreiber kann ich mir solche Reisepläne aus dem Kopf schlagen: Sie hat keine Lust, interessante Länder kennenzulernen. So bleibt mein Wanderführer von St. Helena im Bücherregal und meine Sehnsucht ungestillt. Immerhin gibt es andere Möglichkeiten, die Welt zu entdecken: am Kochherd. Da stehe ich nicht oft, aber wenn, dann gebe ich alles.
Schreiber stellt sich neben mich und schnuppert. »Hm, wie das duftet! Darf ich probieren?« Sie taucht einen Löffel in mein Curry, dem ich gerade die frisch gewürfelten Kartoffeln zugeben will. »Und?«, frage ich.
Sie lächelt. »Wunderbar mild!«
Mild? Ich warte, bis Schreiber aus der Küche geht, greife nach dem Säckchen mit der gelbbraunen Würzmischung und schütte kräftig nach. Mildes Curry ist so unmöglich wie trockene Suppe. ✂

konfliktherde

SIE Schneiders Fernweh hat einen Vorteil: Er kocht wieder mal für uns und kündigt uns ein Curry an, auf das die weit entfernten Einwohner St. Helenas anscheinend stolz sind. Mein am Herd stehender Schneider sagte vor dem Essen: »Wenn du mit mir nicht um die Welt reist, dann reise ich eben kulinarisch mit euch in die Ferne.« Er pulverte zahlreiche Gewürze in die Sauce. Es roch exotisch.

Nun sitzen wir am Familientisch, vor uns steht ein blubberndes, duftendes, gelbbraunes Gemisch, das entfernt an brodelnde Lava erinnert. Schneider verteilt stolz jedem einen Klacks auf den Teller.

Die Kinder kreischen ein erstes Mal beim Anblick der Pampe und ein zweites Mal, nachdem sie davon probiert haben. Ich übrigens auch. Meine Zunge verbrennt, meine Speiseröhre bekommt Löcher, mein Magen wird weggeätzt. Ich hechte zum Kühlschrank und verteile Milch und Joghurt, um unsere Innereien zu schützen. Schneider hat rote Ohren, mir tropft die Nase.

»Sauscharf dein Curry!«, zische ich. »Das war doch vorhin noch mild!«

Typisch: Seine Kochkunst ist wieder mal ein Alleingang! Unter gemeinsamen, kulinarischen Reisen verstehe ich ganz was anderes: Wiener Schnitzel zum Beispiel.

☙ konfliktherde ☜

Bullerbü für die Nachwelt

ER Frühling! Fantastisch, dass er jedes Jahr wiederkommt! Untrügliches Zeichen dafür, dass die ersehnte Freiluftsaison beginnt, ist, wenn unsere Töchter uns zum Waffelessen auf der Veranda einladen. Dann drücken die schwedischen Gene durch, die Schreiber ins Blut unserer Töchter gemischt hat. Schweden lieben Waffeln bekanntlich über alles und feiern offiziell ihren Waffeltag.

Ich sitze angelehnt an unseren Apfelbaum im Schatten und schaue vergnügt meinen Töchtern zu: Hoch konzentriert sind sie an der Arbeit und gehen in ihrer Aufgabe als Waffelbäckerinnen auf: Sie tragen Kopftücher und rotweiß karierte Schürzen und klappern mit ihren schwarzen Zoccoli hin und her, so wie sie es in den Astrid-Lindgren-Verfilmungen gesehen haben. Mit dem Schöpflöffel gießen sie das Milch-Mehl-Gemisch auf die untere Platte des Waffeleisens, schließen den Deckel, strahlen über das ganze Gesicht.

Ich fühle mich so richtig »bullerbü«, unser Wort für heile Welt und großes Glück. Es duftet nach heißer Butter. Die beiden Mädchen sind ein perfektes Team; kein Streit, keine Konkurrenz! »Bullerbü« muss der Nachwelt erhalten werden, finde ich, stehe auf und hole schleunigst die Videokamera. ✄

☙ konfliktherde ❧

SIE Mich trifft der Schlag! Unsere Töchter hantieren auf der Veranda an dem heißen Waffeleisen, vor ihnen steht eine volle Teigschüssel, Schneider stolziert im Garten herum und filmt die Szenerie.
Das Kabel zum Waffeleisen schlängelt sich unter dem Tisch, es ist nur eine Frage der Zeit, bis jemand drüberstolpert, womöglich mit der Hand direkt auf das Waffeleisen, die Teigschüssel kippt in die Steckdose, Kurzschluss, aus der Spaß, nix mehr heile Welt …
Schneider unterbricht meinen Horrorfilm und ruft den Kindern zu: »Noch mal den Deckel heben, ja, so, und jetzt Teig drauf! Toll, wie das zischt!«
Ich fauche: »Bist du WAHNSINNIG?! Das ist ein glühendes Waffeleisen, kein Spielzeug!«
Er schwenkt mit der Kamera zu mir: »Kannst du das noch mal etwas lauter sagen?«
Mir bleibt die Sprache weg. Er nimmt das viel zu locker! Wie die Kinder auch: Kichernd halten sie eine Waffel in die Höhe. Schneider schwenkt zurück, zoomt das dampfende Teil wohl großformatig ins Bild und sagt mit ernster Moderatorenstimme: »Unsere Bäckerinnen haben das Wunder vollbracht.« Dann schwenkt er wieder zu mir und kommentiert: »Der einzige Störfaktor an diesem Wunder ist sie, die ängstliche Waffel.« ✐

☯ konfliktherde ☮

Die Spülmaschinenordnung

SIE Ich bin oben, von unten höre ich Schneider herumbrüllen. Ich rufe: »Was ist los?« Es scheint ernst zu sein, denn nun flucht er auch noch. Also gehe ich besser mal nachsehen, bevor unsere gute Laune an diesem Sonntagmorgen bereits vor dem Frühstück flöten geht.
Schneider steht vor dem Geschirrspüler, hält mir ein braun geflecktes Glas entgegen und sagt empört: »Das nennst du sauber? Mit deinem Superschnellprogramm sparst du vielleicht Energie, aber das Geschirr bleibt schmutzig!«
Aha. Ich bin also schuld.
Immer ich!
Das Problem ist aber nicht der Waschgang, sondern Schneider. Denn wenn er die Maschine einräumt, tut er das ohne Verstand. Ohne Rücksicht auf Erdanziehung und Wasserkraft. Er klemmt Tassen quer, legt Gläser hin, stülpt Salatschüsseln über Besteckkörbe, stellt spitze Messer mit der scharfen Spitze nach oben.
Ich sage: »Mein Lieber, auch eine Maschine ist nur so gut wie der, der sie bedient.«
Schneider nickt: »Genau! Und wenn du mich das Programm wählen lassen würdest, würde auch alles blitzblank werden. Aber du stellst immer dieses Geizprogramm von dreißig Minuten ein – da kann man ja grad von Hand abwaschen.«
Ich blicke auf das fleckige Glas in seiner Hand und sage: »Gute Idee, die Spülbürste findest du übrigens unterm Waschbecken.« ✒

❦ konfliktherde ❧

ER Ich erinnere mich an früher, als wir in Zürich in unserer kleinen Altbauwohnung *ohne* Geschirrspülmaschine lebten: beide berufstätig, beide zu bequem, dauernd abzuwaschen. Ende der Woche türmten sich regelrechte Geschirrberge. »Warum soll immer *ich* abwaschen?«, dachte ich jeweils sauer – und machte es manchmal und manchmal eben nicht. Und dann gab es eben manchmal Streit und manchmal eben nicht.
Heute sind wir aber froh, eine Spülmaschine zu besitzen. Unsere ist ein ausgeklügeltes Teil und verfügt über mehrere Programme wie zum Beispiel: »70°C Intensiv, 133 Minuten« oder »Energy, 163 Minuten«.
Knapp drei Stunden!
Ich bin beeindruckt. Doch Schreiber lässt so etwas kalt. Sie wählt konsequent das Sparprogramm »30 Minuten«.
»Das reicht vollkommen«, behauptet sie.
»Wozu«, frage ich, »wozu denken sich die Hersteller wohl all die anderen Programme aus?«
»Weiß nicht«, antwortet sie. »Vielleicht damit man die Maschinen teurer verkaufen kann, wie bei den Computern: Ich brauch dort die vielen Programme ja auch nicht ...«
Weibliche Logik!
»... und weil diese Spülmaschine von Leuten gemacht wurde, die auf blinkende Programmlämpchen, bunte Anzeigen und technischen Firlefanz abfahren ...«
Was Frauen nicht tun!
»... von Männern also.« ✂

♥ rezepte ♥

Liebe geht durch den Magen ...

... und was durch Schreibers und Schneiders Magen geht, kann man hier nachkochen:

♥ rezepte ♥

Matjeshering an saurer Sahne

8 Filets Matjeshering (gibt's eingelegt zu kaufen) in mundgerechte Stücke schneiden
4-5 kleine Becher Sauerrahm à 180 g
1 Zwiebel, in feine Ringe geschnitten
2 Gewürzgurken, in Würfel geschnitten
1 Apfel (saure Sorte wie Boskoop) schälen und in Würfel schneiden
2 Lorbeerblätter
Pfefferkörner nach Bedarf
eine Prise Paprika

Zubereitung:
Alle Zutaten miteinander mischen, im Kühlschrank zugedeckt ziehen lassen. Über Nacht oder nur kurz marinieren (je länger, umso stärker wirkt die Marinade).
Dazu passen am besten Bratkartoffeln.

♥ rezepte ♥

Schwedische Waffeln mit Kompott

100 g Butter
4 Eigelb
4 Eiweiß, zu Schnee geschlagen
250 g Weißmehl
3 dl Milch
1 Prise Salz

Zubereitung Waffeln:
Butter schaumig schlagen, Eigelb dazugeben. Dann geschlagenes Eiweiß, Mehl, eine Prise Salz und Milch dazu rühren. 30 Minuten stehen lassen. Der Teig sollte zähflüssig sein. Anschließend im Waffeleisen ausbacken und mit Puderzucker bestreuen.

Kompott
500 g Heidelbeeren (gibt's tiefgefroren, können, müssen aber nicht vorher aufgetaut werden) mit 100 g Zucker aufkochen.
Alternativ passt auch Erdebeermarmelade zu den Waffeln. Oder Sauerkirschkompott (gibt's fertig im Glas zu kaufen).
Servieren mit viel Schlagrahm und Puderzucker.

Käse-Speck-Waffeln

100 g Bratspeck, gewürfelt
150 g Mehl
1 Messerspitze Backpulver
1,5 dl Milch
3 Eier
1 TL Zucker
50 g Gruyère, gerieben
Salz

Zubereitung:
Speck in etwas Öl anbraten. Mehl, Backpulver, Milch, Zucker, Salz und Eier zu einem Teig rühren. Speck mit Öl unterrühren. Teig eine halbe Stunde quellen lassen. Geriebenen Gruyère unter den Teig rühren. Waffeln goldgelb backen.
Servieren mit Schnittlauch, Tomaten- und Gurkenscheiben.

♥ rezepte ♥

Curry St. Helena

Zutaten
500 g geschnetzeltes Ziegenfleisch
500 g in Würfel geschnittene Kartoffeln
2 Esslöffel scharfe Currymischung
1 kleingeschnittenes Rüebli
1 gehackte Zwiebel
1 gewürfelte Tomate
2 Teelöffel Salz
1 Esslöffel Maizena

Zubereitung:
2 Esslöffel Öl in einer Pfanne erhitzen. Rüebli und Zwiebel beigeben, dann Currypulver. Alles zwei Minuten kochen und rühren. Tomaten beigeben, eine Minute später das Fleisch. Einige Minuten köcheln lassen, danach so viel Wasser beigeben, bis alles bedeckt ist. Salzen. 40 Minuten köcheln lassen, bis das Fleisch fast gar ist. Kartoffeln hinzugeben. Ab und zu umrühren, eventuell mehr Wasser hinzufügen. Wenn die Kartoffeln weich sind, Maizena beifügen und einige Minuten kochen lassen.
Mit Reis, Tomaten, Gurken, Zwiebeln, Kokosflocken, Bananen und getrockneten Früchten servieren. ✐

♥ rezepte ♥

Wiener Schnitzel mit Knusperkruste

Für mich muss ein Wiener Schnitzel knusprig sein und vor Butter triefen. Meine schwedische Stiefmutter macht das so: Sie taucht das dünne Kalbsschnitzel (Pute oder Huhn geht auch) in ein zerschlagenes Ei, dann wälzt sie es in einer Panade aus Semmelbröseln und einem Löffel zerstoßenen Cornflakes (das ist der Knuspertrick), dann noch mal ins Ei und wieder zurück in die Panade. Das Schnitzel wird nun in sprudelnd heißem Butterschmalz schwimmend ausgebacken.

Marinierter Tofu

8 Esslöffel Sojasauce, eine Prise Galgant, zwei Teelöffel Zitronen- oder Limettensaft, zwei Teelöffel Honig zu einer Tunke rühren. Tofu in kleine Stückchen schneiden und in der Sauce mehrere Stunden marinieren. Dann Tofu herausnehmen, in Mehl wälzen und schwimmend in Erdnussöl ausbacken. In einem separaten Topf die Marinade einköcheln, bis sie zähflüssig ist, und am Schluss über die Tofuwürfel leeren.

»Tango ist etwas sehr Schönes, aber warum machen das die Leute im Stehen?«

Sacha Guitry

kraftakte

❧ kraftakte ☙

Stresslos fit

SIE Ganz langsam Wirbel für Wirbel aufrollen. Dann die Beine über den Kopf hinter die Schultern strecken und auf den Boden legen. Ich japse nach Luft.
Mein Bauch ist im Weg. Und dennoch tut's gut! Endlich mache ich mal wieder etwas für meinen Körper, auch wenn ich im Moment nicht genau weiß, was. Pilates heißt die Technik, soll Beckenboden und Bauch straffen und für eine gute Haltung sorgen.
Als ich nach der Lektion nach Hause komme und mich Schneider in meinen Gymnastikhosen sieht, lacht er: »Du siehst aus wie im Kinderballett.« Die schwarzen, engen Hosen trug ich in der Tat schon in der Schule. »Immerhin passen sie mir noch«, kontere ich. Alma fragt, was ich denn im »Pilatus« so lerne. Ich lege mich hin und mache die Kerze. Schneider grinst. Alma sagt, das sei ja bubi.
»Und dafür zahlst du Hunderte von Franken?«, fragt Schneider spöttisch. Ich fliehe in die Dusche! Kaum bin ich fertig, ruft Alma: »Mama, wir machen was viel Tolleres als du. Schau mal!« Als ich ins Wohnzimmer komme, stockt mir der Atem: Schneider liegt am Boden und hält die Arme in die Höhe, Alma balanciert stehend freihändig auf seinen Händen! Oh Gott, wenn sie abstürzt: Das Bücherregal, die kantigen Bauklötze am Boden, die Blumenvase …
Wieso kann Schneider nicht einfach Purzelbäume mit den Kindern üben? Wieso?
Weil das mit seiner Wampe schwierig ist! ✎

ಉ kraftakte ಲ

ER Mein Großvater war Kunstturner, mein Vater war Kunstturner, und mit sieben Jahren konnte ich bereits den Handstand. Zusammen mit meinen Brüdern und einigen Verwandten traten wir an Dorffesten als Marx-Brothers auf. Verkleidet mit Glatzen, imposanten Schnurrbärten und gestreiften Turnhemden, machten wir Überschläge und mehrstöckige Menschenpyramiden. Wer korpulent war, lag unten und stemmte die Schlanken in die Höhe.
Wir waren richtig gut.
Ich war buchstäblich auf der Höhe. Damals. Seit ich nicht mehr Fußball spiele, nur selten durch den Wald renne – zum letzten Mal im Herbst – und über die Festtage wieder fröhlich geschlemmt habe, fühle ich mich wie ein gestrandeter Wal, schwer und plump. Ich lege mich rücklings auf den Teppich im Wohnzimmer. »Alma, komm mal her«, sage ich, lege meine Hände neben den Kopf und warte, dass sie mit ihren Füßen auf meine Hände tritt. Sie weiß, was jetzt kommt. Als Schreiber wieder in die Stube tritt, stemme ich meine federleichte Tochter langsam in die Höhe, bis meine Arme ausgestreckt sind.
Schreiber schlägt die Hände überm Kopf zusammen und kreischt: »MEIN GOTT! DAS KIND!«
Schreibers Panik ist wieder mal völlig übertrieben. Selbst wenn Alma abstürzen würde: Mein Bauch garantiert eine weiche Landung. ✂

ꙮ kraftakte ꙮ

Schweinehund!

ER Es war Schreibers Idee, gemeinsam joggen zu gehen. Na gut. So sieht sie wenigstens mal meine Joggingstrecke am Rhein entlang. Ich laufe sie immer ganz gemütlich und brauche dafür etwa eine Stunde.
Mit Schreiber starte ich ganz bewusst sehr langsam, und so bleibt mir genügend Luft, um ihr allerlei zu erzählen. Sie hört zu und sagt auf einmal: »Ich kann nicht mehr.«
»Machst du Witze?«, frage ich. »Wir sind ja noch nicht mal zehn Minuten unterwegs!«
Sie schweigt, und ihr Kopf leuchtet signalrot.
»Du musst deinen inneren Schweinehund überwinden«, sage ich.
»Das habe ich schon fünfmal getan.«
»Kann es sein, dass du zu schnell aufgibst?«
Sie keucht: »Kann es sein, dass du zu wenig Rücksicht nimmst?!«
»Wir sind so langsam, da kann man doch gar nicht müde werden. Ich könnte den ganzen Tag in diesem Tempo traben.«
Schreiber zischt: »Lass mich! Ich kann nicht gleichzeitig laufen und zuhören.« Nach einem weiteren tiefen Atemzug fügt sie an: »Und schon gar nicht reden!«
In Ordnung. Sie wollte ja joggen gehen. Sie soll nur nie wieder behaupten, Frauen könnten mehrere Dinge auf einmal tun und Männer nicht!
✂

෪ kraftakte ೦ঽ

SIE Schneider erzählt mir von Birken, die am Tag vierhundert Liter Wasser verdunsten: »Wenn du das Ohr an den Stamm hältst, hörst du es rauschen!« Mir rauscht es bereits in den Ohren. Ich verdunste ganz nebenbei gerade eine Badewanne voller Wasser.
Dann erzählt er mir von Paul, der im letzten Jahr ein Dutzend Kilos abgenommen hat, weil er konsequent auf Schokolade verzichtet und jeden Tag joggen geht.
Schön für ihn, denke ich, und träume von einer Toblerone.
Mein Zuckerspiegel bricht jeden Moment zusammen – und ich hinterher.
Schneider erklärt mir, dass ich durch die Nase atmen solle.
Ich bin froh, dass ich überhaupt noch Luft bekomme.
Dabei dachte ich, es würde Spaß machen, gemeinsam zu joggen, unsere Beziehung vielleicht bereichern. Aber zehn Minuten im Galopp an seiner Seite reichen, um zu wissen: Joggen ist nicht *mein* Hobby. Es ist *seines*. Meine Beine schleppen sich meinen Gedanken hinterher. Ich will nicht mehr. Weder laufen noch zuhören noch Wasser verdunsten oder durch die Nase atmen.
Schneider verdreht die Augen: »Was ist denn los? Du bist einfach nicht ehrgeizig genug.«
Auch das noch. Dieser Satz löst bei mir einen Kreislaufkollaps aus, egal in welcher Verfassung ich gerade bin. Ich japse, stütze meine Arme auf meine Knie, hole tief Luft, und mir wird klar, dass ich wirklich dringend etwas für meine Kondition tun sollte.
Aber nicht zusammen mit meinem Mann! ✒

❦ kraftakte ☙

Schreiber schlägt zu

ER Nicht zu glauben! Auf welchem Planet lebt Schreiber? Sie spielt Volleyball und mir scheint, sie macht das zum ersten Mal. Verrückt! Ich dachte, jeder Mensch in Mitteleuropa hätte im Turnunterricht gelernt, dass man einen Ball nicht mit der Faust spielt. Deutsche offenbar nicht. Denn Schreiber kreischt wie eine Wilde und fährt ihre Linke aus. Der Ball prallt ins Gebüsch.

Schreiber aber ist stolz. Sie geht wohl davon aus, dass man vor allem den Ball treffen muss. Ihre Wangen glühen, sie ruft: »Ein toller Sport! Eine richtige Entdeckung! Der Wahnsinn!«

Da sie viel besser kreischt als spielt, versuche ich ihr einige Tipps zu geben: »Versuche den Ball so zu treffen«, sage ich und forme meine Unterarme zur Manschette. »Ja!«, nickt Schreiber begeistert, grätscht die Beine, geht in die Knie und wackelt mit ihrem Hintern wie eine Ente.

Der Ball fliegt wieder in ihre Richtung. Sie hüpft, schreit, was das Zeug hält, und schlägt erneut mit der Faust zu. Sie trifft, der Ball springt über die andere Spielfeldmarkierung hinaus ins Gras.

»Ein Spitzensport, dieses Volleyball!«, ruft sie. »Ich glaube, ich trete dem Verein bei!«

Ich glaube, die werden sie nicht nehmen. ✂

☙ kraftakte ☙

SIE Eine tolle Idee von unserer Nachbarin, im Kurpark miteinander Volleyball zu spielen. Ich wusste gar nicht, dass das ein Familiensport ist. In der Schweiz scheinen alle Volleyball zu können: Als ich mal Pause mache, kommt ein Knirps angerannt und übernimmt meine Position. Das gefällt mir: Einfach gemeinsam ballern. Spaß haben. Lachen. Sich austoben. Ohne verbissenen Ehrgeiz.
Unser Spiel ist zu Ende. Wir liegen im Gras, die Kinder klettern in die Bäume und meine Nachbarin setzt sich neben mich: »Na, hat es dir gefallen?«, fragt sie. Ich nicke: »Sehr sogar!« und wische mir den Schweiß von der Stirn.
Nun übernehmen andere das Feld und ich staune, dass sie als erste Maßnahme das Netz extrem viel höher spannen. Seltsam. Wollen die unter dem Netz durchspielen? Dann legen sie los: Sie springen in die Luft, als hätten sie Federn in den Beinen, und hauen den Ball mit der flachen Hand brutal direkt auf die gegnerischen Spieler, die sich im letzten Moment mit ihren Unterarmen schützen, aber danach genau das Gleiche tun. Ein echter Kampfsport. Die versuchen sich mit Bällen k.o. zu schlagen. Ich bin fassungslos und stupse meine Bekannte: »Du, was spielen die da?« Sie schaut mich überrascht an: »Was? Na Volleyball natürlich!« ✒

ᛐ kraftakte ᛒ

Eins-zwei-Rück-Platz

SIE Einmal in der Woche treffen wir uns mit anderen in der Turnhalle des Nachbardorfs zum Tanzkurs. Wir lernen Salsa, Jive, Discofox und Walzer – damit Schneider und ich mal flott miteinander tanzen können. Sobald die ersten Takte der Musik erklingen, zählt er: »Drei-vier-und …« – auf »eins« bewegt er sich.
Ich zähle laut mit. Denn als unerfahrene Tanzschülerin geht bei mir ohne präzise Zahlenfolge gar nichts. Die strengen Schrittfolgen sind für mich eine echte Herausforderung. Aber mit der Zeit werde ich sicherer. Ich wippe locker nach links, nach rechts, und dann drehe ich mich spontan um die eigene Achse.
Dumm nur, dass ich dabei Schneiders Hand verliere und ein paar Meter entfernt zum Stillstand komme.
»Hoppla«, rufe ich, lache und winke ihm zu. Um wieder in Schwung und in seine Nähe zu kommen, drehe ich mich Richtung Schneider, denn alleine tanzen kann ich eigentlich am besten. Ich zücke sämtliche Register meines sehr eigenständigen Stils und lande schließlich mit einer eleganten Pirouette vor meinem Liebsten: »Olé!«
Er schaut mich mit seinen – in diesem Moment extrem eisblauen – Augen an und wird bestimmt gleich sagen, dass er meine Kreativität liebe. Stattdessen zischt er: »Ich bin der Mann. Ich führe!«

ER Sie macht mich wahnsinnig. Sie zählt irgendwas, nur nicht den Takt! »Eins-zwei-Rücksicht!«
»Das heißt Rück-Platz!«, korrigiere ich.
»Eins-zwei-Rückschritt!«, sagt sie und kichert.
Lachen, und zwar ziemlich laut, tut sie auch jedes Mal, wenn sie mir auf die Füße tritt. Fällt sie aus dem Takt, kichert sie noch mehr. Und wenn sie völlig unangemeldet eine Drehung aufs Parkett legt, dann kreischt sie vor Vergnügen: »Sei doch nicht so streng. Bin gleich wieder da! Ich improvisiere!«
Improvisieren? Von wegen! Ignorieren, das tut sie! Nämlich Grundregel Nummer 1: Der Mann führt! Stattdessen klammert sie sich an ihren eigenen rätselhaften Rhythmus, als würde ihr das Stimmrecht genommen werden, wenn sie sich beim Tanzen von mir führen ließe.
Aber was für eine Wohltat, als ich auf einmal unsere Tanzlehrerin für einen Salsa zur Partnerin habe. Das fühlt sich ja so geschmeidig an, ist keinerlei Anstrengung, alles geht von selbst! Wir tanzen, ich schwebe, kein Hauch von Widerstand, nur Wonne. Aber jeder Traum findet ein Ende, und beim nächsten Lied halte ich wieder Schreiber im Arm: »Drei-vier-und …«, zähle ich an. Sie macht lautstark mit: »Eins-zwei-Rücktritt!«
»Jawoll!«, sage ich. »Diesen Gefallen mach ich dir!«
»Welchen?«
»Ich nehme deinen Rücktritt an!« ✂

☙ kraftakte ☙

Schreiber wird Schweizerin

ER Nach zwanzig Jahren in der Schweiz wird Schreiber endlich wirklich Schweizerin. Zumindest nach Ansicht meines Vaters. Denn weder ihr Bürgerort Würenlingen noch ihre tapferen, meiner Ansicht nach aber kläglichen Versuche, Schweizerdeutsch zu sprechen, reichten seiner Meinung nach bisher dazu aus. Doch das soll sich in der kommenden Stunde ändern: Schreiber ist drauf und dran, das Jassen zu lernen.
Mein Vater, ein regelrechter Kampfjasser, ist begeistert. Er streicht den Jassteppich glatt, wischt die Jasstafel sauber und will die Karten mischen, als Schreiber fragt, ob *sie* das tun dürfe. Mein Vater nickt, meine Mutter staunt, und meine zukünftige Ex-Deutsche greift nach dem Stoß, teilt die Karten behände in zwei Stapel, biegt die Ecken nach oben und lässt sie ineinanderrattern, als säßen wir am Pokertisch im Spielcasino. Meine Eltern sind beeindruckt, ich bin platt! Wo hat sie das gelernt?
»Höcher befiehlt, As git«, sagt mein Vater, hebt einen Ober ab, grinst siegesgewiss, doch Schreiber kontert mit einem König: »Tja, lieber Schwiegerpapa, *ihr* gebt, nicht ärgern!«
Mein Vater schluckt. Ich staune. Schreiber macht sich sehr gut. Bis zu dem Moment jedenfalls, als sie sagt: »Wüsset ihr, ich liebe söttighe Glücksspihli!« ✄

SIE Ich schaue in meine Karten, und alle schauen mich an. Was soll ich bloß machen? Kein Ober. Kein As. Kein Garnichts. Schneider sagt: »Verlass dich auf dein Gefühl.« Meine Schwiegermutter nickt freundlich. Sie und ich sind die Damenmannschaft, Schneider und sein Vater die Herrengruppe. Dies ist mein erstes Jass-Turnier.
Ich sortiere meine Karten neu: »Wisst ihr, ich muss mich immer noch an diese Schellen und Urslis gewöhnen, denn ich bin mit Pik und Karo groß geworden.«
»Das heißt nicht Ursli, sondern Ober«, korrigiert Schneider.
»Weiß ich doch, war nur ein Scherz.«
»Jetzt mach schon!« Mein Liebster wird ungeduldig.
Für jemanden, der Canasta und Uno beherrscht, ist Jassen eine echte Herausforderung. Ich wiege meinen Kopf hin und her. Soll ich schieben? Schneiders Fingerkuppen trommeln auf den Tisch.
Dann sage ich betont: »Obbenappe!«
Schneider jault: »Nicht Schweizerdeutsch reden!«
»Also bitte: dann sage ich halt Obenrunter!«
Er schüttelt mit dem Kopf.
Und ich weiß endlich, welches mein stärkster Trumpf ist: mein holpriges Schweizerdeutsch. Damit bringe ich Schneider garantiert aus der Fassung – und unsere Damenmannschaft in Siegerposition!

☙ kraftakte ☙

Ein Flopp nach dem anderen

SIE »Also denkt dran: Tanzen ist Hingabe«, sagt unser Tanzlehrer vergnügt, als wir uns alle beim Fortsetzungskurs wiedersehen.
Ich finde, tanzen mit Schneider ist ganz was anderes, aber das behalte ich für mich.
Wir üben eine knifflige Figur: zwei Mal Grundschritt, dann Damensolo, vier Mal Flopp, schließlich Bauchwürger, einmal links, einmal rechts und zurück in die Ausgangsposition.
Echt anspruchsvoll! Aber als wir ein paar Mal hintereinander alles richtig machen, bin ich begeistert: »Suuuper!« Und sogar Schneider strahlt.
Wir üben weiter, doch nach zwei Flopps greift mein Mann plötzlich nach meiner linken Hand.
»He, was machst du?«, frage ich.
»Ich tanze.«
»Ja, aber wir haben doch jetzt immer vier Mal den Flopp gemacht, nicht nur zwei Mal.«
»Das muss dir völlig egal sein!«
»Ist es mir nicht. Ich muss mich schließlich darauf einstellen können, was wann kommt!«, schimpfe ich.
»Du musst dich nur führen lassen. Ich habe den Wechsel doch angezeigt.«
»Wie gezeigt? Sag es mir halt einfach!«
»Wie soll ich das Führen üben, wenn du dauernd Probleme machst?«
Jetzt soll also *ich* Schuld sein! Ich schimpfe: »Wir hätten keinerlei Probleme, wenn du so führen würdest, wie *ich* es will.« ✐

ER Schreiber hat das Wesentliche des Tanzens nicht kapiert: Statt sich der Musik und der Bewegung hinzugeben, will sie die Führungsrolle mit mir teilen.
»Was ist los?«, frage ich, als wir erneut kollidieren.
»Auch ich muss führen können«, sagt sie trotzig.
»Musst du nicht!«
»Doch, ich investiere in die Zukunft!«
»Was? Womit genau hast du ein Problem?«
»Ihr Männer seid das Problem. Ihr betreibt Raubbau an euren Körpern, du weißt schon, Frauen werden statistisch gesehen deshalb älter als Männer. Und im Altersheim, wo viel getanzt wird, müssen wegen der fehlenden Männer eben die Frauen miteinander tanzen.«
»Du übst mit mir jetzt das Führen wegen der statistischen Annahme, dass ich vor dir nicht mehr bin und du allein im Altersheim mit anderen Frauen tanzen musst?«
»Falls es umgekehrt sein sollte: *Du* kannst ja schon führen. Aber mit wem sonst soll *ich* das jetzt üben?«
Mit wem?
Ich blicke mich nach den anderen Paaren um: Vielleicht findet sich eine ähnlich veranlagte Frau, die mit Schreiber das Führen üben will. In der Zwischenzeit gehe ich mit dem überflüssigen Mann in die nahe Quellenbar ein wenig Raubbau an unseren Körpern betreiben. ✂

◦❀ kraftakte ❀◦

Glückliche Mitte

ER »Frisch« ist ein schönes Wort. Es erscheint mir ganz und gar positiv, und es beschreibt präzis, was ich grade erlebe: Ich treibe im Rhein.
Oder besser: Schreiber und ich treiben mitten im kühlen Fluss. Zur Linken liegt die Schweiz, zur Rechten Deutschland, wo die Weiden ihre Äste ins Wasser hängen lassen. Dazwischen sehe ich am Ufer die Leute in Badekleidern schlafen, spielen und grillieren. Dahinter thronen auf einem spitzen Hügel die Ruinen der Küssaburg. Auf der Schweizer Seite beim Pontonierhaus sind einige Jugendliche am Wellenreiten. Sie hängen an einem Bungee-Seil und stemmen sich mit ihrem Brett gegen die Strömung, bis der Zug auf das Seil zu groß wird. Dann rasen sie übers Wasser, bauen einige Kurven ein und versinken wieder.
Wunderbar! Das Wasser fühlt sich weich an und äußerst erfrischend. Mir ist, als würde ich die Energie der Strömung in mich aufnehmen. Was für ein Gefühl! Herrlich! Joggen geht nicht mit Schreiber, aber gemeinsam flussabwärts schwimmen, das funktioniert! Kein Stress, kein Wettkampf, kein innerer Schweinehund, der überwunden werden muss!
»Na, wie gefällt es dir?«, rufe ich ihr zu.
Sie lächelt gequält: »Ich finde es recht frisch – um nicht zu sagen: saukalt!«
✂

ೞ kraftakte ೂ

SIE Ich schlucke aus Versehen Rheinwasser, klammere mich an die Schaumgumminudel und versuche, mich zu entspannen. Nur keine Panik. Nicht jetzt! Nein! Locker bleiben.
Was war da an meinem Fuß? Ein Strudel? Eine Schlingpflanze? Ein Hecht? Schneider treibt ein paar Meter entfernt von dannen, Richtung Basel. Mann, ist der schnell. Der Rhein auch. Ich paddle hinterher. Meine Brille wird nass. Schneider schaut zu mir und lacht: »Wir schwimmen im Glück, ist das nicht herrlich?«
Mir schwimmt das Glück eher davon.
Schneider hat die Strecke vor wenigen Tagen mit einer erfahrenen Rheinschwimmerin getestet. Wir sollten es also überleben. Er hat danach noch ausgiebig mit der Rheinschwimmerin geplaudert, was ihn sehr beeindruckt hat, denn seither erzählte er mir pausenlos von dieser Frau und diesem Fluss. Ich musste also einfach mal mit ihm baden gehen, um der Faszination auf die Spur zu kommen.
Schneider dreht den Kopf und ruft übers Wasser: »Kannst du meine Begeisterung jetzt verstehen?«
Seine Begeisterung für den Rhein oder für die tollkühne Badenixe?
Ich stelle mir meinen Liebsten vor, wie er mit dieser anderen sein erstes Flusserlebnis hatte und mir wird klar: Auch wenn ich in diesem Eiswasser Wadenkrämpfe bekomme, in Zukunft werde *ich* die Frau sein, die sich mit ihm treiben lässt! ✒

»Toleranz ist das unerträgliche Gefühl, der andere könnte am Ende doch recht haben.«

Robert Frost

brückenschlag

℘ brückenschlag ℅

Frischer Wind

ER Untersuchungen beweisen es: Wir alle müssen, und das im Schnitt fünfzehn Mal täglich. Manch einer ist gut zu kontrollieren, doch nicht jeder. Die Chance, dass er nicht riecht, ist eins zu zehn.
Wir nennen ihn Furz. Die Deutschen sagen dazu Pup, oder, wie Schreiber, Pups. Ein Furz besteht aus sechs Teilen Stickstoff und zwei Teilen Wasserstoff, in kleinen Mengen finden sich darin zudem Sauerstoff, Kohlendioxid und Methangas.
Schweizer meinen: »Laute Fürze stinken nicht, leise dafür fürchterlich«. Während die Deutschen behaupten: »Den leisen, die da schleichen, muss man weichen.« Doch dieser Volksglaube hält wissenschaftlichen Untersuchungen nicht stand. Sollte es also krachen, kann es dennoch mächtig streng riechen.
Zu Beginn einer leidenschaftlichen Beziehung lässt man natürlich keinen krachen. Erst mit wachsender Liebe und tieferem Vertrauen lösen sich Anspannung und Verkrampfung. Das ist auf die Dauer auch viel gesünder – und deshalb: Einmal ist das erste Mal, wenn man vor der Liebsten furzt.
Es ist peinlich. Aber auch schön. Der Kerl bricht kurz und knatternd in ein romantisches Gespräch bei einem Glas Rotwein ein, weht und riecht eine Weile um unsere Köpfe. Schreiber ist sprachlos, und dann, endlich, lächelt sie.
Ich freue mich. Sie findet demnach auch, dass ein wenig frischer Wind unserer Beziehung guttut. ✂

SIE Männer sind hemmungslos. Sie rülpsen, gehen mit Käsefüßen durch die Wohnung, kratzen sich ungeniert. Das mag für ihr Wohlbefinden gut sein. Für eine Beziehung ist es das nicht. Schneider sieht das anders.
»Von deiner Selbstbeherrschung kriegst du bloß Bauchweh. Würdest du dich lockern, wär's dir wohler. Glaub mir.«
Nach dem Essen gehen wir ins Kino. Ich lasse mich in den Plüschsessel plumpsen – es knarzt. Schneider blickt amüsiert: »Endlich ist er draußen!« Er sagt's so laut, dass selbst die Kassiererin im Foyer seinen Kommentar hören kann.
»Sag mal, spinnst du?«, schnaube ich. »Das war doch nicht ich, sondern der Sessel!« Die Reihe hinter uns ist auf einmal ganz still. Warum wohl? Schneider lacht und gibt mir einen Kuss. »Ist doch egal, Hauptsache dein Bauch zwickt nicht mehr.«
So ein Quatsch! Ich stehe zum Beweis auf, sage: »Hör mal!« – und lasse mich mit Karacho in den Stuhl fallen.
Nichts! Kein Ton.
Wie peinlich. Schneider grinst: »Soso, der Stuhl!«
Dann geht das Licht aus, der Film beginnt, hoffentlich in voller Lautstärke. Denn ich müsste mal dringend einen fahren lassen … ✒

☜ brückenschlag ☞

Guter Ton mit Triple P

ER Schreiber hat angespannte Nerven. »Zieh dir eine Mütze an«, ruft sie aus dem Badezimmer. Keine Ahnung, wen sie meint, denn ich sitze auf dem Sofa, Ida Paulina räumt CDs aus, und Alma spielt in ihrem Zimmer. »Es ist saukalt draußen. Eine Mütze. Und Schal auch.«
»Wer?«
»Wrrrrhmmm!« Schreiber tritt mit schäumendem Mund aus dem Bad, fuchtelt mit der Zahnbürste durch die Luft, macht schlechte Stimmung und alles falsch.
Ich denke an den Triple-P-Kurs vom Vorabend, über den ich einen Artikel schreiben soll, und analysiere Schreibers Fehlverhalten.
1. Nicht von einem Raum in den anderen schreien. Das ist unverbindlich.
2. Wichtiges nicht ohne Sichtkontakt und ohne sachte Berührung mitteilen.
3. Nichts vormachen, was den Kindern verboten ist. Zum Beispiel mit einem Mund voller schäumender Zahnpasta durch die Wohnung gehen.
»Du tropfst«, sage ich.
Vielleicht schenke ich ihr zum Geburtstag einen solchen Kurs. Dann lernt sie leise und achtsam zu kommunizieren, ohne Stress, ohne Missverständnisse.
»Du könntest dich auch mal drum kümmern, dass unsere Kinder warm angezogen rausgehen«, schimpft sie. »Aber nein, der Herr sitzt einfach nur gemütlich auf dem Sofa!«
4. Nicht die Realität verdrehen. Denn von gemütlich kann bei dem Kasernenton von Schreiber keine Rede sein. ✄

SIE »Liebste?«, Schneider fasst meinen Arm und schaut mir in die Augen: »Versuche g-e-l-a-s-s-e-n zu sein.« Er redet merkwürdig langsam. »Ich höre dich gut«, sage ich und drehe mich zum Spiegel: »Könntest du bitte ein bisschen zur Seite gehen, ich möchte mich nämlich gerade schminken.« Schneider zögert, lässt meinen Arm nicht los und sagt: »Schau mich bitte an, wenn ich mit dir spreche.«
»Was soll das? Ich bin doch nicht begriffsstutzig. Wimpern tuschen und zuhören kann ich gleichzeitig.«
Er geht kopfschüttelnd aus dem Badezimmer und mosert: »Überall liegen Kleider rum!« Er meint natürlich meine. Ich räume Sachen aus dem Schrank und nicht mehr zurück. Nervt mich selbst.
Schneider nimmt einen neuen Anlauf und tritt nun wieder ins Bad. Unerträglich gelassen sagt er: »Es würde mich freuen, wenn deine Kleider nur im Schrank liegen würden. Wir könnten uns ein Belohnungssystem für dich ausdenken.«
Da geht Schneider einmal in seinem Leben an einen Eltern- und Paarkurs – natürlich nur beruflich –, und schon bildet er sich ein, die Lösung aller Beziehungs- und Erziehungsprobleme zu kennen.
»Ich denke, so ein Kurs könnte auch für dich etwas sein, mir hilft er sehr«, fährt er fort.
Aha? Im Augenblick wäre mir ein Kurs lieber, in dem ich lernen würde, wie man mit einem Lebenspartner umgeht, der sich als Beziehungspsychologe aufspielt.

☙ brückenschlag ❧

Die Superbonuspunktekundenkarte

ER Mein Portemonnaie ist nicht sehr dick, denn ich verzichte auf sämtliche Superbonuspunktekundenkarten. Schreiber nicht. Sie nimmt jede, die sie kriegt. Und so haben wir, den Punkten sei Dank, Kinderkassen, Korkenzieher, Kochtöpfe und Kristallgläser zu Hause.

Allerdings gibt es durchaus eine Bonuskarte, die mich faszinieren würde: eine, die ich bei Schreiber einlösen kann. Dann würde ich nullkommaplötzlich zum Punktejäger! Den Hochzeitstag nicht vergessen bringt, sagen wir mal, hundertfünfzig Punkte. Sechshundert Punkte gibt's für eine halbe Stunde Bügeln, tausend Punkte für eine Kinderhaarwäsche.

Den Prämienkatalog stelle ich mir mit folgenden verlockenden Angeboten vor: Ein Wochenende auf dem Maiensäß mit dem Götti meiner Tochter gibt's für zum Beispiel zwanzigtausend Punkte. Etwas mehr Punkte wäre mir ein Trainingslager mit unserem A-cappella-Chor am Münchner Oktoberfest wert. Und die absolute Superprämie könnten Wanderferien in Island sein.

Das Beste an diesem System: klare Zahlen, keine endlosen Diskussionen, faulen Kompromisse oder dramatischen Szenen.

Nein. Ich würde einfach zu Schreiber sagen: »Du, ich muss mal wieder mein Punktekonto leeren, gell. Bin in drei Wochen zurück.« ✂

SIE Schneiders Idee mit den Punkten ist nicht so schlecht. So könnten wir uns vielleicht eine Menge Ärger ersparen: »Boden nass aufwischen: tausend Punkte!«, sage ich. Schneider nickt und meint seinerseits: »Und Werkstatt aufräumen: achthundert.«
»Abgemacht.«
Wir werfen uns unangenehme Alltagsaufgaben zu und Belohnungspunkte hinterher: Fenster putzen dreihundert, Rasen mähen sechshundert, Flaschen entsorgen zweihundert Punkte.
»Das ist prima«, sage ich. »Und fürs Kochen gibt's fünfhundert Punkte pro Mahlzeit. Ich finde es nämlich recht anstrengend, jeden Tag etwas Warmes auf den Tisch zu bringen.«
Schneider stutzt, dann sagt er: »Moment mal. Wenn du dir Punkte fürs Kochen gibst, dann kriege ich aber auch welche fürs Arbeiten. Pro Tag macht das etwa fünftausend, würde ich sagen.«
»Fünftausend?!« Ich fasse es nicht. Ich soll mir meine Punkte mit einzelnen Aufgaben verdienen, und er zahlt sich locker eine saftige Pauschale? Säuerlich sage ich: »Nicht mit mir, mein Lieber, wir sind keine Firma, in der Verwaltungsräte ihre Löhne selber bestimmen. Oder willst du damit etwa behaupten, dass deine Arbeit mehr wert ist als meine?«
Schneider schüttelt den Kopf: »Natürlich nicht. Sei jetzt doch nicht so kleinlich!«
»Ich bin nicht kleinlich! Ich bin gründlich. Wenn wir schon Superpunkte einführen, dann brauchen wir auch jemanden, der die Regeln bestimmt. Einen Punkteüberwacher.«
»Wenn schon, dann fände ich eine Überwacherin besser.«
»Kannst du haben!«, sage ich. »Aber glaub bloß nicht, dass du mich punktelos für diese Aufgabe bekommst!«

ఌ brückenschlag ☙

Sag niemals nie!

SIE Wie war das? Habe ich richtig gehört?
»Immer muss *ich* den Kompost rausbringen!« Schneider hält mir unseren Eimer unter die Nase, randvoll mit Gemüseschnipseln und Kaffeesatz: »Wenn ich nicht schauen würde, dann würde das Zeug direkt unter dem Waschbecken vor sich hinrotten und zu Humus werden!«
Bitte, wenn der Herr eine Diskussion über Dinge führen will, die immer nur einer von uns macht, dann kann er sie haben: »Ich sorge dafür, dass die Kinder die Zähne gründlich putzen, die Betten frisch bezogen sind, die Wäsche sauber wird, dass wir Babysitter für unsere Lesungen haben und Mitbringsel, wenn wir eingeladen sind. All das mach immer ich! Und die Kinderzimmer räumst du übrigens auch nie auf!«
»Genau! Das sollen die Kinder selber machen!«, antwortet er und fährt fort: »Die Heizkörper, jedenfalls, hast du noch nie abgestaubt. Und dass wir Brot brauchen, vergisst du auch ständig.«
»Ständig? Dafür denke ich wenigstens daran, dass wir überhaupt etwas zu essen im Haus haben. Wie oft gehst du schon einkaufen?«
»Dafür bündle immer ich das Altpapier!«
Richtig, ist ja auch eine enorme Belastung: Bei uns werden die Zeitungen vier Mal im Jahr gesammelt! ✒

෮ brückenschlag ෯

ER Da mache ich eine kleine Bemerkung zum Kompost, und schon tischt mir Schreiber ein saftiges Vorwurfsmenü auf!
Sie rechnet mir vor, dass ich auf der ganzen Linie zu wenig und sie pausenlos dauernd zu viel machen muss.
Dabei sollte sie doch wissen, dass ein Pauschalvorwurf nichts, die klare Aufgabenverteilung aber alles ist:
Ich – Kompost und Altpapier.
Sie – den Rest.
Jetzt schimpft sie gerade über Schuhe, die ich angeblich immer im Weg herumliegen lasse, und sie schließt mit der Beobachtung, dass ich nie neue WC-Papierrollen in die Toilette lege.
Ich könnte jetzt kontern und aufzählen, was immer ich erledigen muss – was der Stimmung aber nicht gerade zuträglich wäre. Stattdessen sage ich: »Sei froh, dass ich das mache, was du nie erledigst. Stell dir vor, wir würden beide immer alles und das auch noch gemeinsam nie machen!«
Sie stutzt.
Aber da ich ein konstruktiver Typ bin, mache ich einen Lösungsvorschlag: »Wie wäre es, mal beziehungstechnisch ungünstige Wörter wie ›immer‹, ›nie‹, ›dauernd‹ oder ›alles‹ aus unserem Vokabular zu streichen?«
»Nimm dir nichts vor, was du eh nicht schaffst!«, lacht Schreiber.
Ich kontere verärgert: »Immer schön abwarten. Alles nur eine Frage der Konzentration.«
»Schon zwei Mal in der Falle.«
Was soll das? Dauernd macht sie solche Anspielungen … ✂

൙ brückenschlag ൖ

Immer ich!

ER Ich schnüre das letzte Altkartonbündel und schleppe es zu dem Kartonberg, der bereits vor unserem Auto liegt. Unglaublich, wie viel Pappe meine Frau nach Hause bringt und darauf wartet, bis ich das Zeug endlich entsorge.
Genervt sage ich: »Du verlässt dich immer drauf, dass *ich* das mache!«
»Toll! Du hast ›immer‹ gesagt! Damit liegst du in Führung mit siebzehn Minuspunkten!« Schreiber lächelt triumphierend.
Stimmt, hab's vergessen. Seit unserem Unwörter-Disput haben wir »immer«, »nie«, »dauernd« und »alles« aus unserem innerehelichen Wortschatz verbannt. Verwendet man eines dieser Wörter, gibt's einen Minuspunkt. Wer zwanzig Minuspunkte hat, muss den anderen zum Essen einladen. War meine Idee. Schreiber ist leider besser. Sie hat erst acht Minuspunkte.
Ich wuchte die Bündel in unseren Kombi. Was für ein Anblick! Da drin sieht es aus wie nach einem Open Air. Zerbröselte Pommes Chips, Papiersäcke, Petflaschen, Picknickdecken, gebrauchte Taschentücher, alles liegt durcheinander.
Schreiber stellt sich mit einem Schuhkarton neben mich, sieht das Chaos im Wagen und fragt: »Wer räumt das wohl wieder auf?«
Eine Falle! Ich verkneife mir die Standartantwort: »Ich, wie immer!« – und sage stattdessen: »Du!«
Das gibt zwar Streit, aber wenigstens keinen Minuspunkt. ✂

❦ brückenschlag ❧

SIE »Warum soll *ich* das Auto aufräumen? Das ist doch dein Revier«, schimpfe ich.
Er mosert: »Aber du benutzt es als fahrbare Küche! Kaum fahren wir, verteilst du Proviant für dich und die Kinder!« Er zeigt auf ein paar Brösel unter den Sitzen.
Ich kontere: »Was kann ich dafür, dass die Kinder im Auto immer Hunger bekommen?«
»Neun zu siebzehn! Du hast ›immer‹ gesagt!« Schneider strahlt.
»Jetzt lass den Quatsch«, sage ich. »Sei froh, dass ich ihnen die Fahrten versüße! Ist doch besser als dauernd Gequengel.«
»Zehn!«
»Was zehn?«
»Zehn Minuspunkte – du holst auf.« Er triumphiert.
»Dieses ›dauernd‹ war kein vorwurfsvolles ›dauernd‹, sondern ein ganz gewöhnliches.«
Er meckert: »Egal, es steht auf der Liste. Bitte nicht die Spielregeln ändern.«
Dieses Spiel geht mir eh langsam auf den Geist. Ich wechsle das Thema und sage: »Weißt du schon, wohin du mich ausführen wirst?«
»Sofern ich verliere …«, meint er.
»Das tust du«, sage ich, »und ich verrate dir jetzt schon, wo wir hingehen: zum Japaner!«
Schneider grinst. »Wie langweilig. Keine neuen Ideen? Immer nur Sushi?«
Jetzt grinse ich: »Achtzehn Punkte!« ✍

☯ brückenschlag ☪

Kommunikationssperre

ER Nach der Lesung tritt ein reiferer Mann auf mich zu und stellt sich als Ehetherapeut vor. Er schüttelt mir die Hand und meint, das sei ganz wichtig, was wir machen würden. Nämlich die Missverständnisse in Beziehungen auf den Punkt bringen: »Wissen Sie, ich kann meinen Klienten in den Sitzungen hundert Mal erklären, was eine Kommunikationssperre ist, aber das bleibt für die Leute reine Theorie. Sie hingegen bringen das in Ihren Geschichten mit Humor und Witz rüber. Das ist besser als jede Therapie.«
Therapie? Was für eine Therapie? Schreiber behauptet schon dauernd, wir würden uns durchs Schreiben therapieren! Dabei haben wir doch gar keine Probleme.
Der Therapeut beugt sich etwas vor und raunt mir zu: »Sie durchschauen dieses Spiel von Macht und Leidenschaft in der Beziehung meisterhaft.«
Was für ein Spiel?
»Und wie elegant Sie diese Kommunikationssperren einbringen: Chapeau!«
Ich nicke und verstehe kein Wort.
Als ich wieder zu Hause bin, setze ich mich sofort an den Computer und schaue bei Wikipedia nach, was eine Kommunikationssperre ist.
Ich lese, schlucke, und am Schluss des Textes ist mir klar: Ich habe ein Problem! So einen Kommunikationssperrer wie mich gibt's kein zweites Mal! ✄

brückenschlag

SIE Ich schenke meiner Bekannten Süßmost ein, dann fahre ich fort: »Ich dachte immer, ich hätte einen Mann, der redet. Aber irgendwas hat ihm die Sprache verschlagen.«
Sie nimmt einen Schluck und seufzt.
»Wir hatten keinen Streit, keine Diskussionen, nix. Aber er ist so was von schweigsam im Moment, das macht mich wahnsinnig. Weißt du, ich mag nun mal keine Pausen. Sobald in einem Gespräch Pausen entstehen, fülle ich sie mit Wörtern.«
Sie nickt.
»Oder habe ich was Falsches zu ihm gesagt?«
Meine Bekannte schüttelt den Kopf: »Typisch Frau: sucht die Schuld wieder bei sich. Er hat vielleicht seine Tage!«
Wir kichern, dann sage ich: »Wusstest du, dass Frauen pro Tag locker achttausend Wörter sagen und Männer nur etwa dreitausend? Ist eine amerikanische Studie, aber trotzdem! Zudem reden wir Frauen mit Blicken, Gesten, Körpersprache. Dadurch senden wir zwanzigtausend Kommunikationssignale aus. Männer kommen gerade mal auf siebentausend am Tag.«
Sie wiegt den Kopf hin und her.
»Na, zum Glück haben wir heute Abend wieder eine Lesung«, ergänze ich, »da bringt es Schneider sicher auf dreitausend Wörter – sonst würden wir ja gar nicht mehr miteinander reden.«

❀ brückenschlag ✿

Ein- und ausschnappen

SIE Schneider hat heute Morgen angekündigt, er käme zum Mittagessen nach Hause. Wir genießen diese Familientreffen sehr, also lege ich mich kulinarisch ins Zeug: Polenta, Hühnerfrikassee und gebratene Zucchini mit frischem Rosmarin aus unserem Garten.
Zwölf Uhr. Kinder da. Tisch gedeckt. Schneider fehlt.
Ich gebe den Kindern schon mal etwas zu essen, denn sie sind hungrig. Den Rest stelle ich warm.
Zwanzig nach zwölf. Kinder satt. Essen lauwarm. Ich hungrig.
Ich rufe Schneider auf dem Handy an, es klingelt aus seiner Jacke an unserer Garderobe.
Soll ich auf ihn warten? Soll ich nun auch essen? Oder: Soll ich sauer werden? Ich entscheide mich für die Mitte und esse. Alleine. Die Mädchen haben sich vergnügt in ihre Zimmer verzogen. Mit der Zeitung setze ich mich an den Tisch und speise wie früher, als ich noch keinen Schneider und keine Kinder hatte: lesend. In aller Ruhe. Macht richtig Spaß.
Da höre ich meinen Liebsten vor dem Haus. Er pfeift, wie immer, wenn er im Anmarsch ist.
Ein Blick auf die Uhr: Viertel vor eins.
Ich könnte jetzt so richtig sauer werden, ihn beschimpfen, Vorwürfe machen und einschnappen.
Könnte ich.
Ich könnte aber auch einfach das tun, was ich gerade tue: entspannt weiteressen und mir meine gute Laune nicht verderben lassen.
Denn: Streit beginnt im Kopf. Frieden aber auch. ✒

ER Speziell an unserem Wohnort ist dies: Kaum geht man unter die Leute, gerät man ins Schwatzen. Die Uhr an der Wand zeigt kurz vor halb eins, und die Leiterin des Tourismusbüros erzählt noch immer von den Perspektiven des Kurortes. Spannend, denke ich, wir leben dort, wo andere Ferien machen!
Gleichzeitig denke ich daran, dass zu Hause das Mittagessen auf dem Tisch steht und dass nicht nur dieses dampft, sondern bestimmt auch Schreiber. Das wird ein Donnerwetter geben. Zu Recht: Schreiber kocht mit Liebe, doch der Bekochte fehlt. Wäre für mich ja problemlos gewesen, erst am Nachmittag im Tourismusbüro vorbeizuschauen. Wäre auch eine Kleinigkeit gewesen, zu Hause anzurufen und meine Verspätung anzukünden. Bloß: Wo ist dieses verflixte Handy?
Jedenfalls gibt es keinen vernünftigen Grund für meine Verspätung. Lügen kann ich auch nicht, deshalb werde ich ganz einfach sagen: »Entschuldigung, mein Fehler, tut mir leid.«
Es ist schließlich Viertel vor eins, als ich vor unserer Haustüre stehe. Ich atme durch und weiß: Jedes Gewitter zieht vorüber.
Ich trete in die Küche, das Schuldbekenntnis schon auf den Lippen – doch bevor ich etwas sagen kann, blickt mich Schreiber mit freundlichen Augen an und sagt: »Schön, dass du da bist, Liebster!« ✂

༽ brückenschlag ༼

Checkpoint Gordon

ER Ich rufe Schreiber zu mir an den Computer: »Erinnerst du dich an den Therapeuten, der an unserer Lesung war? Schau mal«, sage ich, zeige auf den Bildschirm und lese gemeinsam mit Schreiber, was Wikipedia zum Stichwort »Kommunikationssperre« aufführt: »Eine Kommunikationssperre ist nach Thomas Gordon eine Art der Kommunikation, die den Wunsch oder die Absicht ausdrückt, den Kommunikationspartner nicht zu akzeptieren, sondern ihn zu verändern.«
Sie stutzt.
Ich erkläre es ihr: »Ich will nicht mit dir reden, sondern dich verändern.«
»Warum?«
»Keine Ahnung.«
Jetzt liest Schreiber laut vor: »Gordon nennt zwölf Arten von Kommunikationssperren wie:

1. befehlen
2. drohen
3. moralisieren
4. beraten

5. kritisieren
6. belehren
7. loben
8. beschimpfen

9. interpretieren
10. trösten
11. verhören
12. ausweichen.«

Sie schüttelt den Kopf: »Himmel noch mal! Wie soll man da überhaupt noch miteinander reden, wenn man einander weder loben noch kritisieren darf?«
»Eine Frage, auf die es eine Antwort gibt«, sage ich und resümiere: »Nur ein schweigsamer Mann ist ein guter Mann.«
»Könnte dir so passen!«, spottet Schreiber.
Aha. Schreiber hat jetzt grad mal die Kommunikationssperren 1, 2, 5 und 8 angewendet! ✄

୫୦ brückenschlag ୧୪

SIE Nun weiß ich, warum Schneider schweigsam geworden ist! Er zweifelt an sich und hält sich für einen untalentierten Beziehungsredner, seit er bei Experte Thomas Gordon die Liste gelesen hat. Typisch: Schneider vertraut einem etablierten Psychologen blind und hinterfragt nichts! Dabei finde ich Kritik durchaus anregend für ein gutes Gespräch. Da liegt Gordon falsch! Oder sollen wir uns liebevoll ansäuseln, wenn wir sauer aufeinander sind?
Ich schiebe Schneider sanft zur Seite, suche auf dem Bildschirm nach Texten von Gordon, die mir besser zusagen – und werde fündig: »Hier! Hör mal: ›Ich-Botschaften sind wichtig. Wer von sich redet, zahlt regelmäßig auf das Beziehungskonto ein.‹«
Schneider brummt: »Dann ist dein Konto bereits massiv überladen!«
»Im Gegensatz zu deinem! Du bist im Minus, mein Lieber! Das kostet Zinsen, die unsere Beziehung belasten.«
»Zinsen? Wo steht das?«, fragt Schneider.
Nirgends! Hab ich mir ausgedacht. Ganz nebenbei geht mir mein Kommunikationssperrer so langsam auf den Geist.
Bloß: Wie könnte ich ihm das gordongerecht sagen, ohne als Kommunkationssperrerin zu wirken?
Am besten gar nicht.
Er muss es selber herausfinden. ✒

ᛰ brückenschlag ᛯ

Doppelte Bescherung

ER »Gell, wir bleiben dabei, dass wir vor Heiligabend ein paar Tage zu meiner Mutter fahren?«, fragt Schreiber. Da die Schule schon am 18. Dezember dicht macht, habe ich vor einer Weile unvorsichtigerweise eingewilligt, meine Schwiegermutter in Italien zu besuchen. Wie jedes Jahr hat die Arbeit im Dezember aber derart zugenommen, dass ich im Augenblick nicht weiß, wo mir der Kopf steht. Doch abgemacht ist abgemacht, deshalb antworte ich: »Klar. Auch wenn ich bis dahin voll mit Aufträgen beschäftigt bin.«
»Gut, und wegen der Geschenke …«
Mist. Dieser Geschenkestress fehlt mir gerade noch!
»… da mach dir mal keine Sorgen. Ich habe für dieses Jahr alles bestens organisiert, du brauchst bloß am Morgen des 24. eine Runde durch den Ort zu drehen.«
»Das mache ich immer.«
»Ja, aber diesmal musst du nur fixfertige Päckchen abholen und dir nichts dabei überlegen.«
»Aha?«, antworte ich und frage mich, wo da der Haken ist, als sie sagt: »Das wird für dich ein ganz stressfreier Weihnachtstag und eine tolle Bescherung werden.«
Soso, befürchte ich, vermutlich habe ich zweimal die Bescherung: unterm Weihnachtsbaum, wenn sie meine Geschenke auspackt – und vorher, wenn ich an der Kasse meinen Geldbeutel zücken muss. ✂

SIE Ich kenne meinen Liebsten lange genug, um zu wissen, dass ihn die Weihnachtszeit nervös macht. Ende Jahr hat er beruflich besonders viel zu tun, und so schiebt Schneider die Sache mit den Geschenken hinaus. Es nützt also nichts, wenn ich schon Mitte November beginne, ihm Hinweise zu geben, was ich mir wünsche: Er hat es längst wieder vergessen, selbst wenn meine Andeutungen so überdeutlich sind, dass es mir schon fast peinlich ist. In der Regel hetzt er am Weihnachtsmorgen hektisch in die Drogerie, um mir ein Duschgel zu kaufen, das er zusammen mit einer Marzipanschokolade in eine Tüte steckt und unter den Baum legt.
Durchaus eigennützig werde ich ihm diesmal entgegenkommen.
Ich organisiere einen Geschenkpfad durch unseren Ort. Konkret: Ich suche mir meine Sachen in den Geschäften schon jetzt aus, lasse sie hübsch einpacken und auf meinen Namen hinterlegen. Schneider muss dann nur noch die Runde drehen, freundlich nach den Päckchen fragen – und darf sich überglücklich schätzen, mir endlich mal genau das zu schenken, was ich mir auch wirklich gewünscht habe!
Das ist dann endlich mal ein Beziehungsspiel mit zwei Gewinnern!

♥ wer macht was? ♥

Wer macht was?
Und wenn ja – wie viel?

Den Alltagskuchen einteilen: Jeder zeichnet die Tortenstücke so groß ein, wie er den eigenen Aufwand und den des anderen einschätzt. So lassen sich unterschiedliche »Immer-ich«-Wahrnehmungen besser aufzeigen.
Aber Achtung: Dieses Spiel hat Streitpotenzial.

♥ wer macht was? ♥

So sieht **ER** es

So sieht **SIE** es:

Ferien buchen

Ferien buchen

Winterreifen wechseln

Winterreifen wechseln

Steuererklärung erledigen

Steuererklärung erledigen

Freunde einladen

Freunde einladen

♥ wer macht was? ♥

Bogen heraustrennen und kopieren.
So kann das Spiel beliebig oft wiederholt werden.

So sieht **ER** es So sieht **SIE** es:

Wäsche waschen Wäsche waschen

Eigenen Hobbys nachgehen Eigenen Hobbys nachgehen

Freundeskreis pflegen Freundeskreis pflegen

♥ wer macht was? ♥

So sieht **ER** es	So sieht **SIE** es:

Gemeinsame Ausflüge planen	Gemeinsame Ausflüge planen

Bad putzen	Bad putzen

Familienkonto im Griff haben	Familienkonto im Griff haben

Zeit für sich haben	Zeit für sich haben

SIE & ER

Sybil Schreiber (*1963) und **Steven Schneider** (*1964) arbeiteten als Autoren, Konzepter und Journalisten für verschiedene Medien und Unternehmen. Seit zehn Jahren erscheint ihre wöchentliche Kult-Kolumne »Schreiber vs. Schneider«, zuerst in *Meyers,* seit 2002 in der *Coop-Zeitung.* Sie leben mit ihren beiden Töchtern auf dem Land zwischen Zürich und Basel, haben zwei Kater, drei Rennmäuse und jede Menge Alltag.

Von Schreiber und Schneider sind bisher sechs Kolumnensammlungen, eine Hör-CD, eine DVD sowie ein Online-Doppelroman erschienen.